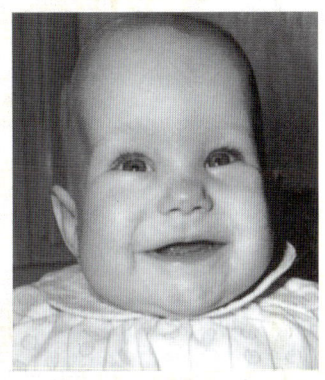
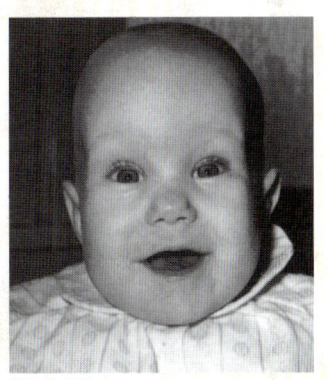
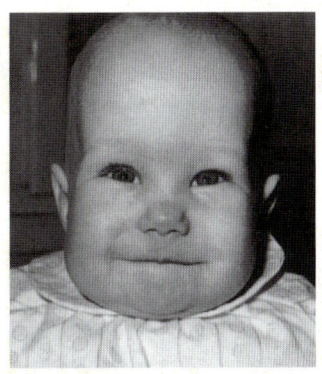

■ 태어났을 때부터 명랑하게. 생후 2개월 된 사진

■ 남동생 올래와는 늘 사이좋게

■ 빛의 축제, 루디아 축제 때 크리스마스 캐롤을 부르기 위해, 루디아와 별의 요정으로 변신

■ 어느 멋진 겨울날

■ 올래와 나. 8살과 9살

잠옷을 입은 건강한 아이들

■ 가족여행, 카메라맨은 아빠

■ 스톡홀름에서 나만의 공간
발로 낙서하기

■ 사진 촬영을 좋아함

■ 어느 휴일

나의 수양부모, 톰과 그리고 루분

일본 대학에서 열린 첫 콘서트

콘서트에서 노래하는 레나 마리아

Detta är mina fot-noter!
Lena Maria Klingvall

이 책은 내가 발로 그린, 인생의 악보입니다.
— 레나 마리아 클링밸

발로 쓴
내 인생의 악보

LENA MARIA FOT-NOTER

by Lena Maria Klingvall

"Original edition published in Swedish under the title: Lena Maria-Fot noter by Bokforlaget Libris, Orebro, Sweden", followed by Copyright ⓒ Bokforlaget Libris.

Korean translation copyright ⓒ 2000 by Togijangi Publishing House
Togijangi B/D 3F, 418-43 Mangwondong, Mapogu, Seoul 121-822, Korea

This Korean edition is published by arrangement with LIBRIS

본 저작물의 한국어판 저작권은 스웨덴 LIBRIS와의 독점 계약으로 한국어 판권을 '토기장이하우스'가 소유합니다. 저작권법에 의하여 한국 내에서 보호를 받는 저작물이므로 무단 전재와 무단 복제를 금합니다.
본 저작물의 사진 일부와 인터뷰 부분은 일본의 Shogakukan과의 독점계약으로 출판합니다.

발로 쓴
　내 인생의 악보

레나 마리아 수기
유석인 옮김

토기장이하우스

[서문]

　나를 처음 만나는 사람은 인사를 하기 위해 정중하게 손을 내미는 경우가 있다. 그렇지만 나는 "안녕하세요"라고 대답할 뿐이다. 금세 알게되는 사람은 손을 얼른 집어넣고 미소짓거나 가볍게 포옹함으로 인사를 대신한다. 어떤 사람은 매우 난처한 표정으로 어떻게 하면 그 어색한 상황에서 벗어날 수 있을까 고민한다.

　그 사람과 가까워졌을 때, 처음 만났을 때를 기억하냐고 묻는 경우가 있는데 다행히도 거의 기억하지 못한다. 팔이 없기 때문에... 나는 다른 사람과 악수할 수 없다.

　내 핸디캡에 대한 사람들의 반응은 천차만별이다. 몇 년 전에는 한 할머니가 나를 불쌍하게 보았는지 10크로네 짜리 지폐를 건네주신 적이 있다.

　어릴 때 부모님과 함께 레스토랑에서 식사하고 있으면 옆 테이블에 앉아 있던 아이들이 내가 먹는 모습이 재미있게 보였는지 스웨터 안에 팔을 감추고 테이블 위에 발을 얹어 놓고 나와 똑같은 모습으로 식사를 하려고 했다. 아이들 부모는 분명히 난처했겠지만, 나에게는 상당히 기분 좋은 반응이었다.

팔이나 손이 없어서 편리한 점은, 절대 반지나 장갑을 잃어버릴 염려가 없다는 것이다.

어릴 때 같은 반 친구 집에 놀러 갔을 때의 일이다. 아빠가 데리러 와서 나는 돌아갈 준비를 하고 있었다. 친구엄마는 내 장갑을 찾는 일에, 온통 신경을 쓰고 계셨다.

"안 찾으셔도 됩니다." 아빠가 말했다.

"하지만 밖이 많이 추워서... 장갑을 끼어야 되요."

하지만 그녀는 곧 장갑을 찾을 필요가 없다는 것을 깨달았다.

6학년 때, 학교에서 나를 돌보아주던 보조간호사는 매우 다정한 분으로, 나에게 크리스마스 선물을 주었다. 선물을 주기 전날, 그녀는 자신의 실수를 깨달았다. 반지를 사버린 것이다! 당황하여 허둥지둥 상점으로 되돌아갔고, 반지는 사슬목걸이로 바뀌어졌다.

한번은 학교에서 일어난 일.

나는 오른쪽 발목에 사슬로 된 발찌를 차고 있었다. 발찌를 차는 일은 당시에는 아직 드문 일이었기 때문에 반 친구 중 한 명이, 왜 팔목이 아닌 발목에 사슬을 차고 있느냐고 물었다.

"그게 좀 어려워." 내가 대답하자 그 친구는 얼굴이 빨개졌다.

나는 이런 에피소드들이 재미있다. 다른 사람들이 이렇게 작은 실수를 하거나 당황하는 것을 보고 오히려 즐거워하는 경우도 종종 있다. 상대방을 난처하게 만들려는 것이 아니라 핸디캡이 있다는 것을 느끼지 못하거나, 잊어버리고 있는 것을 즐기는 것이다. 누군가를 만나고 얼마간의 시간이 흐르면, 그 사람은 내 핸디캡에 대해, 나와 똑같이 반응하기 시작한다. 그것을 보는 것은 유쾌한 일이다. 그들도 내게 장애가 있다는 사실을 잊어버린 것이다.

이 책에서는 내 자신에 대해, 어떤 일들이 '지금의 나'를 있게 했는지를 이야기하고 싶다. 나는 지금까지 이미 즐거운 경험을 많이 쌓아왔다. 내가 태어났을 때는, 누구도 상상할 수 없었던 일들이 종종 있었다. 물론 핸디캡은 내 성장에 여러 가지 면에서 영향을 미쳤다. 하지만 그것 이상으로 노래나 음악이 지금의 나를 이루어 놓았다. 수영에서의 성공, 가족과 친구들, 그리고 하나님에 대한 나의 신앙은 결코 잊어서는 안되는 소중한 것들이다. 이러한 여러 가지 일들을 이 책 안에서 이야기하고 싶다.

책을 쓴다는 것은, 내게는 전혀 새로운 경험으로, 인겔 룬딘 여사의 도움이 없었다면 실현되지 못했을 것이다. 이 지면을 빌어 그녀에게 진심으로 감사를 드린다.

나의 이야기를 자서전이라고 하기에는, 실제로 그것이 올바른 명칭이라고 하더라도, 너무나 과장되었다는 느낌이 든다. 여기에 쓰는 이야기는 지금까지 살아온 내 인생에 대한 메모이고, 코멘트라고 생각한다.

이책은 내가 "발로 그린 내 인생의 악보"라고 할 수 있다.

레나 마리아 클링밸

[서문]

21 · 비록 두 팔이 없어도, 이 아이에게 필요한 것은 가족이다

28 · 엄지발가락에 우유병을 끼우고

37 · 자생력을 키우다

47 · 의족과 소중한 막대기 하나

55 · 학교와 나

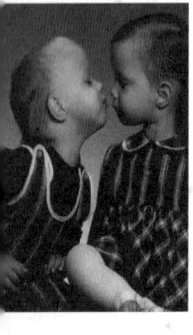

63 · 이보다 더 평안할 수 없다

68 · 물고기처럼

78 · 서울 올림픽을 향하여

노래와 신디사이저 · 89

'레나 요한슨 – 그 팔 없는 사람'으로 불리지 않기 위해 · 97

목표를 향해, 하지만 무엇을 위해? · 106

인도에서 배운 것 · 114

굿바이 – 아주 특별한 나라 · 121

둘은 그저 친구일 뿐 · 133

내가 태어나기 전에, 당신은 나를 보았다 · 144

인터뷰 · 153

비록 두 팔이 없어도,
이 아이에게 필요한 것은 가족이다

아무도 말을 하지 않았다. 내가 나오자마자 조산원은 즉시 나를 품에 안았고, 돌아서서 타월로 한번 더 감싸 안은 다음 허둥지둥 옆방으로 데려갔다. 분만실에는 엄마와 조산원, 엄마를 지키던 아빠, 회진을 돌던 의사 선생님, 간호사가 있었다. 순식간에 일은 진행되었다. 방문객들은 밖으로 쫓겨났고, 아빠는 대기실에서 기다리고, 엄마는 혼자 분만실에 남겨졌다. 그리고 아무 말도 하지 않았다.

1968년 9월 28일 오전 8시, 처음으로 햇살을 본 날.

내가 보통 아기들과 다르게, 이른바 기형아로 태어나리라고는 누구하나 상상하지 못했다. 임신상태는 지극히 정상적이었다.

물론, 모자 보건 센터의 일반적인 검사 방법으로 태아진단이나 초음파가 사용되어지기 전이었기 때문에 적어도 밖에서 보기에 이상한 징조는 보이지 않았다.

아기를 낳는 일은 나의 엄마, 안나에게는 매우 낯설고 고통스러운 일이었다. 9월 26일 오후, 양수가 터졌고, 엔세핑구 산부인과에 입원했다. 군사 훈련 중이던 아빠 로루프가 겨우겨우 허락을 받아 달려왔고, 그제서야 엄마는 안심했다. 진통은 오래도록 계속되었다. 하루 밤, 하루 낮, 또 하루 밤... 힘겨운 34시간이 흐른 후 마침내 내가 이 세상에 태어났다.

키 48㎝, 몸무게 2.4㎏. 팔이 있어야 할 곳에는 아무 것도 없었다. 양어깨, 마땅히 팔이 달려있어야 할 곳에는 작은 돌기가 있을 뿐. 오른쪽 다리는 정상이었지만, 왼쪽 다리는 줄어든 것처럼 오른쪽 다리의 반 밖에 되지 않았다. 더구나 그 왼발조차도 발끝이 정강이에 닿을 정도로 몹시 휘어져 있었으니... 막 태어났을 때는 얼굴이 새파랬다. 몸 안에도 결함이 있을지 몰랐다.

죽을 지 살 지도 알 수 없는 상황이었다. 의료 현장의 그 누구도 알 수 없는. 그렇기 때문에 나를 다른 방으로 데려갔던 것이다.

부모도 처음에는 뭐가 뭔지 몰랐다. 내가 첫 아이였기 때문에 산부인과에서의 진행 순서에 대해서는 아무것도 몰랐다. 내가 다른 방으로, 그리고 아빠가 대기실로 가게 된 것은 당연한 절차라고 엄마는 생각하고 있었다.

몇 시간이 지난 후 의사가 와서 분만 후의 상태와 나의 핸디캡에 대해 대기실에 있던 아빠에게 먼저, 그리고 나중에 엄마에게 이야기했다. 의사는 될 수 있는 대로 침착하게 사실에 대해서 설명하려고 애썼다. 그리고 진정제를 권했다. 몸 안에 이상이 있는 지 없는 지 모르는 현 상태에서는 판단할 수 없다고 했다. 만일 살아난다고 해도 이 정도 중증의 장애를 가진 아이라면 시설에 맡길 수도 있다고, 둘에게 설명했다.

부모님은 심각하고 어려운 선택을 해야만 했다. 의사는 말했다.

"부모님들께서 직접 돌보시겠다면 최소한 20년이라는 세월을 염두에 두셔야 됩니다."

출산으로 지치고 통증을 완화시키기 위한 주사로 몽롱했던 엄마는 뭔가가 이상하다는 것 이외에는 아무 것도 이해할 수 없었다. 아빠가 방에 들어와 다시 한 번 설명하고 나서야 비로소 엄마는 사태를 이해하기 시작했다.

엄마와 아빠의 결혼식

아직 엄마, 아빠 둘 다 나를 못 본 상태였다. 답답하고 무거운 3일간이 흘렀다. 친척들에게 전할 기쁜 소식은 슬픈 소식으로 바뀌었고 아빠는 친척들에게 전화를 걸어야만 했다. 외할머니와 외할아버지, 브릿다 숙모가 병원에 와서 엄마 침대 머리맡에 앉아 눈물을 흘렸다.

나는 살 수 있을까?
내 인생은 어떻게 되는 거지?
나는 도대체 어떤 모습일까?

하나님은 무엇을 생각하셨을까? 부모님은 모두 미션 교단 소속으로 교회 활동에 적극적으로 참여하고 계셨고 신앙도 두터웠다. 그렇지만 이 사태에 이르러서는 여러 가지 생각이 그들의 머리를 스쳐 지나갔다. 아빠는 집에 돌아오자마자 곧 자신의 침대 옆에 무릎을 꿇고 하나님께 기도했다. 아마도 여러 가지 일들을 하나님께 물어보고, 미래를 하나님께 맡기신 것 같다.

부모님은 서로를 위로했다. 며칠이 지난 후 엄마는 내가 옮겨진 병동에서 모유를 먹을 수 있게끔 펌프를 사용해서 젖을 짰다. 이것은 계속 나아가겠다는 의미였다.

나는 젖을 먹었다. 그리고, 그리고...
체내의 기관들이 드디어 기능을 발휘하기 시작했다.

둘은 3일 후에야, 나와의 면담이 이루어졌다. 산후 약해져 있는 엄마는 휠체어를 타고, 병원의 긴 지하도를 건너서 내가 있는 병동으로 왔다.

조금은 둘 다 신경이 날카로웠다. 의사의 설명만으로는 실제로 내가 어떤 상태인지 잘 몰랐기 때문에.

창을 통해 나를 봤다.

나 - 체중 2 킬로그램이 조금 넘는 - 작은 레나 요한슨은 침대 위에서 입을 삐죽 내민 채 웃고 있었고, 건강하게 보였다. 귀엽다! 둘이 생각했던 것보다 훨씬 더 귀여웠다.

부모님은 분명히 그 때, 나를 키우리라 결심하신 것 같다. 나와 같은 장애가 있는 경우, 부모가 직접 아이를 키우는 것이 보편적인 일이 아니었기 때문에, 시설에 맡길 것을 권유하는 사람이 많았다. 이 정도 중증의 장애를 갖고 있는 아기를 집에서 키우기 위해서는 생각지도 못 할 엄청난 고통이 기다리고 있을 거라는 사실은 둘 다 충분히 이해하고 있었다.

"비록 두 팔이 없어도, 이 아이에게 필요한 것은 가족이다."

아빠의 이 한 마디는 결정적이었다.

엄마, 아빠와 나, 크리스마스 이브에 거실에서

엄지발가락에 우유병을 끼우고

왜이럴까? 내 장애의 원인이, 사리도마이드(thalidomide)일 거라고 생각하는 사람들이 있다. 사리도마이드는 신경 안정제 약품 이름으로, 그 부작용 때문에 태아가 정상으로 자라지 않고 발이나 팔이 기형으로 태어나게 되는데, 내 경우는 아니었다. 내가 태어날 때는 이미 사리도마이드의 투약이 금지되어 있었다. 신문이나 TV의 대대적인 보도도 있고 해서 엄마는 특별히 주의를 기울였고, 임신 중에 전혀 약을 먹지 않았다.

오랜 기간 의사들은 내 장애의 원인을 밝힐 수 없었는데 지금은 "본래 태어나지 말았어야 되는데" 태어난, 극소수의 특이한 그룹에 내가 속해 있다고 생각된다. 일반적으로 태아의 성장과정에서 어떤 형태로든 이상이 오면, 모체는 보통 그것을 배제한다. 그러나 극히 드문 경우에, 이 배제 시스템

이 제 기능을 다하지 못한 채 임신의 모든 과정이 완료된다. 나는 이렇게 해서 태어났다.

 병원에서 여러 가지 검사를 받고, 2주일 후에야 집에 돌아갈 수 있었다. 엄마가 말하는데, 나는 태어났을 때부터 밝고 명랑한 아기였단다. 맞는 말인 것 같다. 밝지 않을 이유가 없었기 때문에... 신체의 한 부분이 없다는 것을 본인이 알 리 없었고, 어디가 아픈 것도 아니었다.

 침대 위를 구르며 천정을 보거나 뒤집기를 하는 일도 다른 아기들 보다 빨랐다. 당연하다, 방해가 되는 팔이 없으니까! 일단 엎어지면, 호기심 많은 머리를 치켜들고 주위를 둘러보았다. 목 근육은 튼튼했다!

 발을 사용하게 된 것도 자연스런 결과다. 신생아를 보면 잘 알 수 있는데, 아기들은 손뿐만 아니라 발도 자유롭게 사용하여 물건을 집을 수가 있다. 다른 아기들이 손의 사용 방법을 배워 갈 때, 나는 발을 사용하기 시작했다.

 5주가 지난 후에는 발을 사용하여 장난감으로 놀기 시작했다. 그러던 중, 장난감 젖꼭지대신 엄지발가락을 쭉쭉 빨 수 있게 되었다. 엄마가 엄지발가락에 고무줄로 우유병을 묶어주면, 나는 우유병에 든 오트밀을 혼자서 마실 수 있었다. 나는 이것이 좋았다. 평균적인 아기들의 속도에 미치지

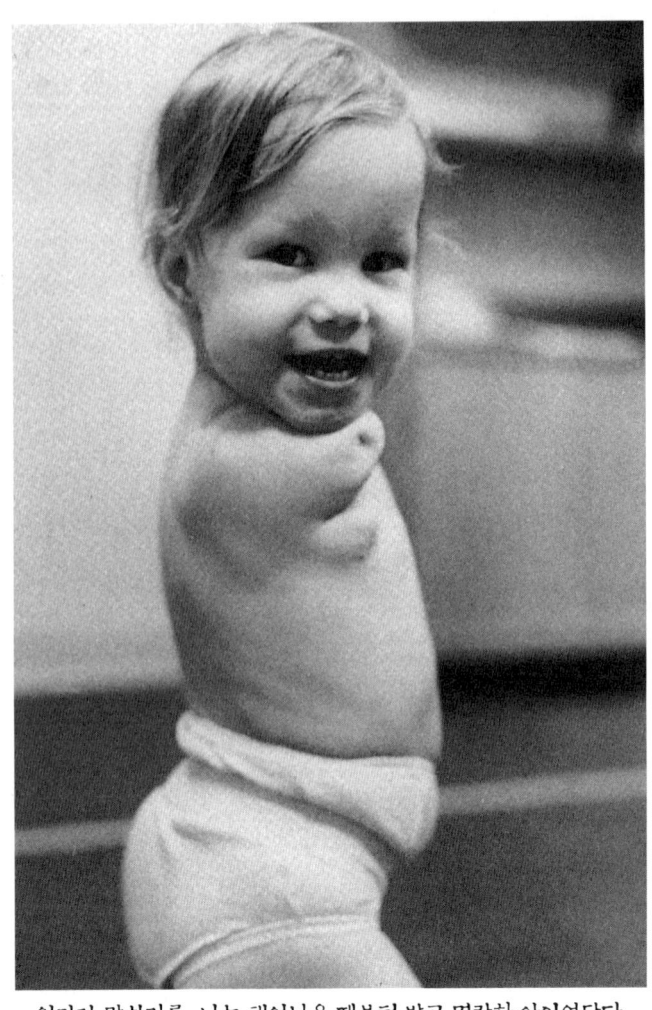

엄마가 말하기를, 나는 태어났을 때부터 밝고 명랑한 아이였단다.
밝지 않을 이유가 없었으니까!

못할지라도, 나는 새록새록 새로운 것을 배워나갔다.

나를 키운 첫 해는, 엄마에겐 힘든 한 해였다. 내 뒤치다꺼리를 대부분 엄마가 했고, 새로운 환경에 내가 적응하도록 돕는 것도 엄마의 몫이었다. 아빠는 뒤로 물러나는 경우가 많았는데, 그것도 이상한 일이 아니었다. 어디를 가도 가는 곳마다 엄마와 나에게 시선이 집중되었고, 호기심 가득한 충고나 유치한 질문을 들어야만 했다.

처음으로 나를 아동 보건 센터에 데려갔을 때, 엄마는 다른 아이나 부모가 오지 않는 시간으로 해 달라고 부탁했다. 센터는 엄마를 위해 아무도 없는 시간으로 예약해주었다.

그렇지만 그 때 간호사는 앞으로 다른 부모나 아이들이 있는 시간에 오는 일이 얼마나 중요한가를, 시간을 들여가며 친절하게 엄마에게 설명했다. "모두가 같은 조건을 가지고 태어나는 것이 아니라는 것을 깨닫는 것은, 어느 부모에게나 소중한 일입니다".

의사와 면담을 하게 되었다. 간호사는 담당 의사가 마음의 준비를 할 수 있게끔, 미리 내 몸에 대해 얘기하겠노라고 약속해 주었다. 진료실에 들어가자, 등을 돌리고 책상에 앉아있던 의사는 내 옷을 벗겨달라고 엄마에게 말했다. 이윽고 돌아서서 나를 본 의사는 충격을 받았다.

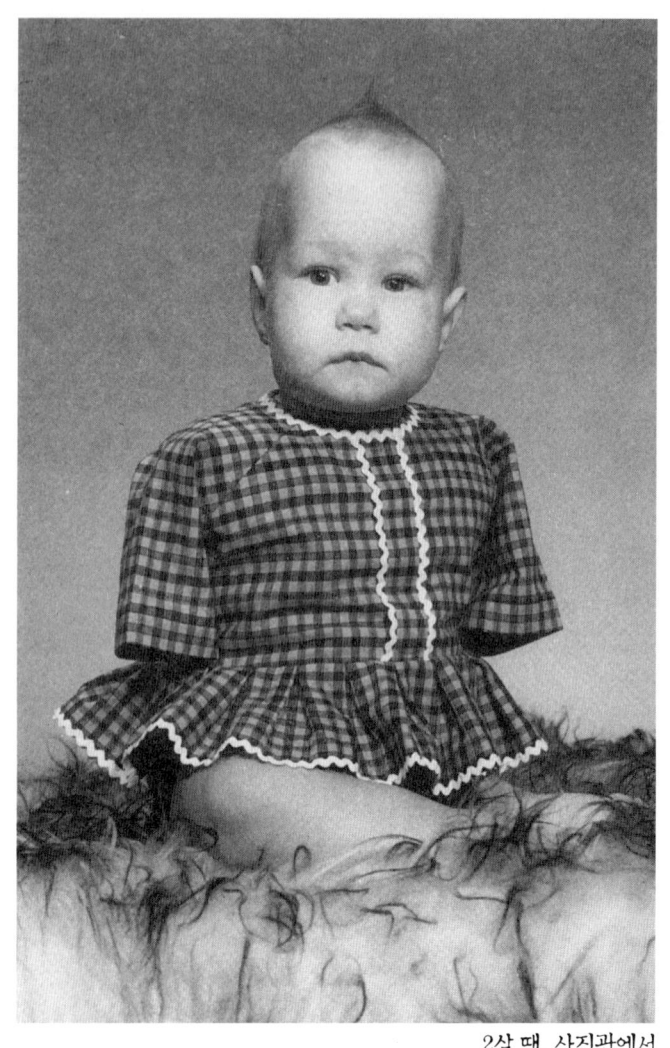

2살 때, 사진관에서

"너무 심한데!"

엄마는 울음을 터트렸다. 간호사가 미리 설명하는 것을 잊은 것이다.

처음 만나는 사람마다, 항상 내 핸디캡에 대해 설명해야 하는 일이 엄마를 슬프게 했다. 나를 자랑스럽게 생각하고 싶었지만, 때때로 서글픈 마음이 앞섰다. 아기 엄마라면 누구나 듣고 싶은 극히 일반적인 질문을 받는 경우가 드물었기 때문에.

밤에 잘 자나요?
말 잘 들어요?
체중은 늘고 있습니까?
어떤 일을 할 수 있게 되었습니까?

나는 오른발을 사용해서 여러 가지를 할 수 있었고, 어깨와 턱 사이에 물건을 꼭 끼워서 들어올릴 수도 있었다. 그래도 주위 사람들은 항상 내가 무엇을 못하는가에 더 주목했다.

그 대표적인 예가 내 왼발이다. 왼발은 심각한 기형으로, 정강이에 발끝이 닿을 정도로 휘어져 있다. 처음부터 내 왼발이 좋아지리라고 생각한 사람은 아무도 없었다. 하지만, 옌세핑구 재활 클리닉의 라슈 요란 오트슨 의사 선생님만은 좋아지리라는 가능성을 보고 계셨다. 그 덕택으로 왼발에 서포터용 보조기를 달고 교정하여, 정상에 가깝게 뻗을 수 있게 되었다.

클리닉 의사 선생님들은, 턱으로 어떻게 해야 물건을 잘 집을 수 있을까 고민했다. 그러다가 제일 위쪽 갈비뼈를 떼내어 그것을 어깨 위치로 옮기는 수술을 받았다. 이렇게 하니 어깨 폭이 넓어져, 턱과 오른쪽 어깨로 물건을 집기 위한 공간이 넓어졌다. 이 수술을 받은 것은 내가 아직 1살 때였는데, 어른이 된 지금도 그 효과가 만점이고, 많은 도움이 되고 있다.

걷게 되기까지는 상당한 시간이 걸렸다. 앉을 수 있게 되기 전에는 몸을 데굴데굴 굴려서 앞으로 나아갔다. 그러던 중, 오른쪽 다리의 도움을 받아 몸을 앞으로 던진 다음 엉덩이를 움직여 전진하는 방법을 배웠다.

3살 때 처음으로 왼쪽 다리용 의족이 생겼다. 그때는 이미 서포터용 보조기와 압박붕대 덕택으로 왼발도 교정되어 상당히 쭉 뻗어 있었다. 하지만 걷는 것은 여전히 어려웠고 많은 시간이 걸렸다.

발에 꽃을 달고, 야외에서 맨발의 나

세차를 하는 아빠와 꼬마

이때 부모님은 걸음마를 가르치는데 유아용 안전벨트가 도움이 된다는 것을 깨달았다. 차에서 떨어지지 않게끔 아이들 몸에 채우는 그 안전벨트. 양옆에서 잡아주려고 해도 나에겐 팔도 손도 없었기 때문에 안전벨트는 아주 좋은 버팀목이었다. 벨트가 머리 위로 홀라당 벗겨지지 않도록 다리 사이에 하나 더 벨트를 추가로 채웠다. 등뒤에도 긴 줄을 달아, 넘어지려고 할 때 도울 수 있는 장치도 고안해냈다.

"7전8기"였지만, 매일 매일 조금씩 좋아졌고, 마침내는 서포터 없이 걸을 수 있게 되었다. 그러나 균형을 잃어 자주 넘어졌다. 앞으로 넘어져 이마를 찍는 일도 종종 있었다. 덕분에 턱에는 긁힌 자국이 끊이지 않았다.

어느 해인지 크리스마스 이브에는 얼음이 언 돌 계단에서 미끄러져, 턱의 상처를 꿰매기 위해 병원 응급실로 달려가야만 했던 적도 있었다. 하지만 실제로 걸을 수 있게 되었다.

자생력을 키우다

남동생인 올래가 태어난 것은, 내가 1살을 갓 넘어섰을 무렵이었다. 부모님은 같은 또래 아이들과 내 성장을 비교할 수 있도록, 내가 태어난 후 될 수 있는 대로 빨리 한 명 더 아이를 낳으라는 권유를 듣고 있었다. 태어날 아이가 나와 같은 핸디캡을 가질 위험은 거의 없다고 했다. 실제로 그랬다. 올래는 건강한 사내아이였다.

내가 2살, 올래가 1살일 때, 우리 가족은 농장을 사서 "시골 사람"이 되었다. 이 농장은 뉴이다라로 불렸고, 옌세핑구 시에서 북서쪽으로 10킬로 떨어진 반게류드 마을에 있었는데 호수가 보이는 주택가에서 조금 떨어진 전원주택이었다. 옌세핑구 시 근교였지만 실제로는 스카라포리 현에 속해 있었다. 2개 현의 경계선이 집과 우편함사이에 그어져 있었기 때문에 가족 앞으로 배달된 우편물을 경계선을 넘어 옌세핑구 현으로 가지러 가야만 했다.

내가 태어나고 10년 동안, 엄마는 나와 올래를 돌보기 위해 집에만 계셨다. 내가 태어나기 전에는 물리 치료사로 일하셨는데 그 경험이 집에 있는 동안 많은 도움을 주었다.

아빠는 경찰관으로 경찰견 훈련도 시키고 있었다. 주·야간 교대로 일했기 때문에 낮에 집에 있는 경우도 많았다. 엄마와 아빠는 서로 도우면서 나와 남동생을 키워주셨다.

누구나 어른이 된 다음, 자신의 어린 시절을 장미빛이었다고 생각하기 쉽지만 나는 정말로, 정말로 어린 시절에 대해 감사하고 소중하게 생각한다.

숲과 호수로 둘러싸인 시골의 대자연에서 자란다는 것은 멋진 일이다. 여름에 올래와 나는 숲에 오두막집을 지었고, 청포도나 산딸기를 땄으며, 보트를 저어 호수로 나가 물고기를 낚았다. 처음으로 파아찌(담수어의 일종)를 잡은 날을 기억한다. 저녁 무렵 그것을 구워 먹었는데, 직접 낚은 물고기의 맛은 각별했다. 처음으로 파아찌를 맛있게 먹었다. 우리들은 종종 호수가로 내려갔는데, 낚시를 안 할 때는 헤엄을 치거나, 에어매트리스를 물에 띄워 그 위에 눕거나, 강 건너편에 누가 먼저 도착하나 시합을 했다.

여름에는 해마다 엄마와 아빠가 텐트를 쳐주었다. 나는

농장에서 일하는 아빠와 함께 있는 것을 제일 좋아함

텐트에서 자는 게 참 좋았다. 텐트를 통해 들어오는 햇빛으로 인해 주위가 온통 금색으로 빛나는 가운데 눈을 뜬다는 것이 참 좋았다.

겨울에는 몇 번인가 스케이트를 타봤다. 계속해서 넘어졌기 때문에 엄마가 엉덩이에 묶어 준 쿠션이 얼마나 고맙던지.

집안에서 할 수 있는 일도 많았다. 엄마는 항상 아이들이 활기차게 뛰놀 수 있도록 신경을 쓰셨다. 아빠는 경찰관이면서 "어설픈 농부"이기도 했다. 아빠의 제일 큰 관심사는 말이었다. 우리 집에는 처음에 승마용 말이 있었는데, 나중에는 경주용 말을 키웠다. 말을 돌보는데 아빠는 많은 공을 들였다. 우리가 이사왔을 때 농장은 여기저기 수리할 손길을 필요로 했기 때문에 일복은 항상 넘쳤다.

아빠가 집에서 일하고 있을 때, 나는 언제나 아빠와 함께 있었다. 직접 도울 수는 없었지만, 곁에서 지켜보며 도란도란 이야기를 건넸다. 지하실 바닥을 깔았을 때는 못을 건네 드리거나 판자를 누르며 도왔다. 건초더미를 운반할 때는 손수레에 실은 건초더미 위에 태워 주셨다. 숲이나 숲길에서 말을 훈련시킬 때에는 나를 마차에 태워 데리고 갔다. 이럴 때마다 가깝게 느껴지는 아빠의 온기가 좋았다.

주택가에서 떨어진 시골에서 살았기 때문에, 근처에 같은 또래 아이들이 거의 없었다. 올래와 나, 단둘이서 놀 때가 많았는데 대개는 사이가 좋았다. 물론 사소한 싸움이나 서로를 화나게 하는 일은 있었지만 금새 풀어졌다. 기회를 봐서 올래는 장난을 쳤다. 내가 앉으려는 의자를 확 빼거나, 계단을 내려 올 때 뒤에서 밀곤 했다.

그것도 자주 있는 일은 아니었다. 어렸을 때는 내가 힘이 더 세었다. 내게는 "특기"가 있었는데, 여차하면 그 특기를 사용하는 것을 올래는 알고 있었다. 모래사장에서 놀고 있

올래도 나도 그림 그리기를 좋아함

을 때, 발을 사용하여 올래의 눈에 모래를 뿌리는 것이 그 한 예다. 올래는 지금도 "공포의 오른발"을 기억하고 있고, 어렸을 때는 내 오른발의 움직임에 특히 주의를 기울였다.

내 인생은 순탄하게 시작되었다. 시골의 좋은 공기와 즐거운 놀이 때문만은 아니었다. 내게는 참으로 소중한 부모님이 계셨다.

물론 장애가 있는 아이를 키운다는 것은, 부모에게 있어서는 큰 부담이요, 대단한 도전이기도 하다. 하지만 부모님은 처음부터 나를 보통 아이들처럼 키우리라 다짐했다. '장애자'로서가 아니라, 딸 레나가 우연히 장애를 안고 있다고 여기셨다. 두 분은 "이 아이가 무엇을 할 수 있을까"가 아닌, 있는 그대로의 나를 사랑해주셨다. 이것이 곧 자신감이 되었고 나를 편하게 해주었다.

너도 남동생처럼, 하고 싶은 것, 관심이 있는 것은 다 하라고 격려해주셨다. 이처럼 핸디캡을 부정적으로 생각하시지 않았기 때문에, 내 상황에 대해 화가 나거나 서글픈 심정이 들지는 않았다. 무언가를 할 때 방법이 다를뿐이지, 남과 다른 점은 아무 것도 없다고 생각했다.

부모님은 내가 도움을 청하면 금방 뛰어와 도와주는 대신에 스스로 해결책을 찾을 수 있도록 충분한 시간을 주었다.

덕분에 나는 잘 참는 아이가 되었고, 상황에 맞게 스스로 문제를 해결하려고 하는 일이 많았다.

하지만 실패하거나 스스로 해결하기 어려울 때는, 언제나 도움의 손길을 내밀어주셨다. 스스로 할 수 없기 때문에 내가 눈물 흘릴 때도 일부러 피하시지 않으셨다. 덕분에 혼자 힘으로 문제를 해결하는데 성공했을 뿐만 아니라, 실패하는 일에도 견딜 수 있게 되었다. 뒤돌아보면 항상 엄마와 아빠가 계셨다. 편안하고 행복했다.

나는 균형 감각이 나빠서, 중심을 잃고 잘 넘어졌다. 어느 여름날, 우리 가족은 이웃 집에 초대를 받았다. 엄마와 아빠는 초대해 준 분들과 함께 정원에서 도란도란 이야기를 하고 있었고, 나와 올래는 잔디밭에서 그 집 아이들과 놀고 있었다. 그때, 갑자기 내가 넘어졌고, 큰소리로 엄마를 불렀다. 쏜살같이 뛰어와 일으켜주기를 바랬는데 엄마는 도와주러 오는 대신 말했다.

"저기 울타리까지 기어서 가보렴. 울타리에 기대면 일어날 수 있을거야."

나는 그대로 따랐다. 특히 엄마에게 있어서, 나의 자립심을 키우는 것은 매우 중요한 일이었다. 물리 치료사로 일할 당시에, 부모가 아이를 과잉보호해서 실패하는 경우를 많이 보아왔기 때문이다.

　태어나서 처음 몇 년간은, 정기적으로 옌세핑구 시에 있는 장애아 훈련 센터를 다니며 핸디캡을 가진 또 다른 아이들과 만났다. 나는 센터에 적응하지 못했고 너무 따분했다. 내가 할 일이 너무 없었다. 일정표에 맞추어 오후에 모두 일제히 낮잠을 자는 게 뭐가 재미있을까?

　그래서 센터에 가는 대신, 엄마를 따라 교회에 갔다. 장애가 없는 아이들과 만나 노래와 게임을 하고, 그림을 그리거나 공작을 하는 편이 훨씬 더 재미있었다.

　새로운 것을 배우는 일이 즐겁게 느껴지도록, 엄마와 아빠는 이것저것 아이디어를 짜냈다. 나는 수예를 놓는 엄마 무릎에 앉아 "작품"을 보는 게 매우 좋았는데, 엄마처럼 해봐야지 하고 마음먹기까지 얼마 걸리지 않았다. 물론 내 경우, 수예(手藝)가 아니라 족예(足藝)였지만.

　바느질을 좋아하여, 어떻게 꿰매면 좋을 지 몇 시간씩 앉아서 생각했다. 엄마가 어떻게 바느질하는지는 알고 있었지만, 그 손으로 하는 작업을 발로 어떻게 할 지 생각해 내야만 했다. 5살 때 십자수로 만든 암탉과 병아리 그림, 2년 후 재활 훈련사에게 선물한 작은 십자수를 수놓은 식탁보는 지금 생각해도 뿌듯하다.

좋아하는 바느질, 십자수, 재봉틀 돌리기 모두 OK.
기회만 있으면 몇 시간씩 열중

어려서부터 그림 그리는 걸 좋아해서 방해만 받지 않으면 시간이 지나는 것도 잊고 몇 시간씩 그림에 집중했다. 나는 오른손이 아닌 오른발잡이로, 펜이나 크레용은 오른쪽 엄지발가락과 집게발가락 사이에 끼우고, 종이는 왼발로 눌렀다. 지금도 같은 방법으로 그림을 그린다.

부모님이 나를 보통 아이들처럼 키우려고 한 것은 올래에게도 중요한 일이었다. 주위 사람들이 모두 내 부모님처럼 대해주는 게 아니었기 때문에, 가끔씩 나는 핸디캡 때문에 편애를 받았다. 동정심 많은 어른들은 내 생일에 맞추어 작은 선물을 특별히 준비했다. 물론 나는 그 선물을 아무 생각 없이 받았지만, 엄마와 아빠는 올래의 생일날에도 공평하게 똑같은 갯수의 선물이 있게끔 신경을 써주셨다.

의족과 소중한 막대기 하나

의족으로 걷는 일은 그다지 어렵지 않았다. 1년에 2, 3회 의족 상태를 점검하기 위해, 300킬로미터 떨어진 우프사라 병원의 정형외과를 방문했다. 얼마나 성장했느냐에 따라 다르지만, 대개 1년에 한 번은 새 의족으로 바꿔야 했다.

반게류드 마을에서 우프사라까지는 멀었지만, 나 같은 특수한 장애를 전문으로 하는 정형외과는 우프사라 대학 병원 밖에는 없었다. 집에서 병원까지의 여행은 오래 걸렸지만, 마치 가족이 함께하는 소풍 같아서 즐거웠다. 하지만 새로운 의족을 시험하는 것은 그리 즐거운 일은 아니었다.

우선 미지근하게 젖은 깁스를 왼쪽 다리 전체에서 배까지 감아야했다. 그 다음 철로 만든 가늘고 긴 판을 발끝부터 허벅지 그리고 배꼽 있는 데까지, 깁스와 피부 사이에 끼웠다.

깁스가 굳기 시작하면, 날카로운 칼끝으로 깁스에 금을 한 줄 긋는다. 철제 판을 사용하는 것은, 이 때 피부에 상처를 내지 않기 위해서다. 이렇게 해서 내게 딱 맞는 새 의족을 만들기 위한 틀을 만들어주셨다. 이 틀을 만드는 작업은 옆에서 보기에는 재미있어 보이지만, 그다지 기분 좋은 것은 아니었다.

의족의 도움으로 점점 잘 걷게 되었고, 균형을 잡는 일도 날마다 조금씩 나아졌다. 하지만 집에서는 오른쪽 다리로만 뛰어다녔다. 그쪽이 더 부드럽게 움직여졌으므로... 집에서는 계단을 깡충깡충 1단씩 뛰어오르거나 내려올 수 있어서 '점핑걸'이라는 별명이 붙여졌다. 하지만 집 밖에서는 의족이 필수였다.

내가 10살 땐가 11살 때, 집에서 그다지 멀지 않은 마을에 큰 병원이 생겼다. 셰부데 시에 세워진 샨 병원으로 정형외과도 있었다. 우리 집은 현 경계선 위에 있지만, 웨스델예테랜드 지방에 집이 있어서 이 병원 관할에 속해 있었다. 그래서 새로운 의족을 만들기 위해 멀리 우프사라까지 여행할 필요가 없어졌다.

잘 될 것만 같았다. 그러나 셰부데에서 만든 의족은 우프사라의 것과는 비교가 안되었다. 중심이 잡히지 않았고, 살

우프사라로 가는 도중 잠시 휴식.

의족과 소중한 막대기 하나 · 49

갖이 스쳐서 제대로 걸을 수가 없었다. 내게 맞는 의족을 만들어 달라고 부모님과 몇 번씩이나 병원에 갔지만, 내 제안이나 요청을 이해하지 못했다. 한번도 딱 맞는 의족이 만들어지지 않았다.

어느 날, 가족이 함께 숲을 산책하고 있었다. 갑자기 왼쪽 허리가 삐끗하면서 심한 아픔에 휩싸였다. 그때까지 한번도 경험한 적이 없는 아픔이었다. 의족을 빼야 했기에 아빠가 같이 있는 게 정말 다행이었다. 집에 오기까지 2km의 길을 아빠는 나를 안고 오셔야 했다.

원래대로라면 병원에 가야했지만, 당시 우리는 세부데 병원에 대해 신뢰를 하지 못했다. 나는 절대로 병원에 가고 싶지 않았다. 부모님은 내 기분을 잘 이해해주셨다.

말할 수 없는 고통이었다. 심한 통증 때문에 침대로 옮길 수 없어서, 그 후 3일간은 대형 유모차에 앉은 채로 움직일 수조차 없었다. 4일째 저녁이 되어서야 간신히 아주 천천히 침대로 이동할 수 있었는데, 몸을 움직일 때마다 왼쪽 다리가 많이 떨렸고, 몸 전체에 심한 통증이 느껴졌다. 유일하게 움직일 수 있었던 부분은 머리여서 나는 독서밖에 할 수 없었다. 이때 내가 즐겨 읽었던 책이 성경이었다.

그로부터 2년여 동안 휠체어로 생활했다. 왼쪽 허리 통증

휠체어를 타고 코펜하겐으로 가족여행

은 점차 사라졌지만, 의족을 다는 것은 너무나 아파서 난 거부했다. 물론 휠체어 생활은 번거로웠지만 휠체어 경험도 소중했고, 경우에 따라서는 휠체어에 앉아있는 편이 좋을 때도 종종 있었다.

예를 들면, 늘 앉아 있어서 다른 사람들이 손을 쓰는 것처럼 발을 사용할 수 있었고, 가게에서 물건을 사고 돈을 낼 때, 지금까지처럼 카운터의 점원에게 주머니에서 지갑을 꺼내 달라고 할 필요가 없었다.

하지만 휠체어에 앉은 경험을 떠나, 나는 여러 가지 것을 배울 필요가 있었다. 예를 들면, 어떻게 하면 혼자서 옷을 입을 수 있을까 하는 아이디어는, 예테보리 시에 있는 부렛케 에스테고드 재활 훈련원에서의 여름 캠프때 떠올랐다.

나는 장애인 친구로부터 이 부렛케 재활 훈련원이 싫다는 말을 듣고 있었다. 간병으로 지친 몸을 쉬거나, 휴가를 떠나는 부모들이 잠시 아이들을 맡길 수 있었던 이곳은, 많은 아이들에게 "남겨진" 장소라는 안 좋은 이미지를 갖고 있었다.

하지만 내게는 흥미진진한 장소가 되었다. 부모님은 간병으로 지친 몸을 쉬거나, 나를 빼놓고 휴가를 갈 필요를 느끼지 못했기 때문에, 나 자신은 기분 나쁜 경험이나 선입관 없이 오히려 부렛케에서 무엇을 할 수 있을까에 더 관심이 있었다. 어느 봄날, 학교용 보조기구의 전시회가 부렛케에서 열렸고 엄마와 함께 견학을 갔을때, 그곳에서 직원 몇 명을 만날 수 있었는데, 곧 그 사람들과 친해졌다. 그리고 여름이 되자, 브렛케의 재활 훈련원에서 멋진 2주일을 보낼 수 있는 기회를 얻었다.

물리치료사와 함께 혼자서 옷을 입고 벗을 수 있는지 시험할 수 있었다. 스웨터는 문제가 되지 않았다. 발로 스웨터를 잡고, 머리 위에서 아래로 잡아끌면 되었으니까... 블라우스도 처음부터 발로 단추를 채워놓으면, 스웨터처럼 끌어내리기만 하면 끝이었다.

하지만 허리까지 발이 안 닿아서, 팬티나 바지나 수영복을 입거나 벗는 일은 어려웠다. 탁자의 모서리처럼 튀어나온 곳에 기대어 바지를 올려 보려고 했지만, 바지를 올릴만한 충분한 버팀목이 되지는 못했다. 어쩌면 고리를 사용하면...

벽에 고리를 걸어 보았더니 이것이 딱 맞았다. 하지만 문제가 있었다. 화장실이나 탈의실 등, 가는 곳곳마다 고리를 가지고 다니면서 붙일 수는 없기 때문이다. 좀 더 나은 아이디어를 찾아야만 했다. 이것저것 생각한 끝에 나온 게, 입으

양지 바른 부렛케 재활원 정원에서
새로운 친구들과 함께

로 물 수 있게 적당한 길이의, 운반에 편리한 고리가 달린 봉을 만드는 일이었다.

보조기구 센터 직원이 시험삼아 만들어 주었다. 처음부터 잘되었다. 그날 이후, 나는 어디를 가든지, 고리 달린 막대기를 가지고 다닌다. 잊고 갈 때도 가끔 있지만 그때는 나름대로, 주변에 있는 것을 사용한다. 지금은 옷걸이를 대신 사용할 수 있게 되었다. 이렇게 내 스스로 하면 번거롭고 시간도 많이 걸리지만, 다른 사람의 도움 없이 옷을 입거나 화장실에서 볼 일을 볼 수 있다는 것! 그 자체가 좋다.

학교와 나

초등학교 입학식 날, 나보다도 엄마와 아빠가 더 긴장했다. 우리들은 남들보다 일찍 학교에 도착했다. 한 명, 두 명 아이들이 부모와 함께 학교에 오기 시작했고, 학교 운동장은 금새 사람들로 가득 차게 되었다. 당연히 대부분의 아이들이 나를 힐끔힐끔 보기 시작했고, '왜 저럴까' 하는 이상한 표정들을 지었다. 잠시 후, 결심한 듯 몇 명이 말을 걸었고 이것저것 물어보기 시작했다. 나는 될 수 있는 한 성실하게 그 질문에 대답을 해주었다. 그들이 내 장애에 익숙해지자, 우리들은 자연스럽게 친구가 되었다.

내 책상은 좀 특별했다. 의자와 같은 높이로, 책상 위에는 교과서를 놓는 선반이 붙어 있었다. 발로 교과서를 잡기 쉽도록 만든 특수한 책상. 선생님 질문에 학생들이 손을 들어

대답할 때면, 나도 다리를 들고 열심히 발을 흔들었다. 물론, 질문에 정답을 알고 있을 때만!

이미 보육원을 다닐 때부터, 나에게는 간호 도우미가 붙어 있었다. 피이어 룬드스트롬(간호 도우미)은 초등학교 5학년 때까지 계속 돌보아 주었다. 도저히 못할 때만 도와주셨는데, 나는 될 수 있으면 무엇이든지 스스로 했다. 내 힘으로 한다는 것이 즐거웠기 때문이다.

"레나가 자기 일을 스스로 하게 놔두세요. 정말 필요할 때 외에는 도와주지 마세요".

엄마와 아빠는 학교 관계자와 방과 후 내가 만나게 될 어른들에게 단단히 부탁했다.

첫 해는 뭐든지 새롭고 한편 서툴렀지만 그래도 나는 학교가 좋았다. 때때로 슬펐던 일은, 진정한 친구가 없다는 것이었다. 저학년 때는 여자 아이들끼리 둘씩 짝을 지어 다니곤 했는데 나는 이 "짝"이 없었다.

가끔씩 집에 돌아와 울면서 "왜 아무도 나와 짝을 안하는 거야?"하고 엄마에게 떼를 썼다. 그때마다 엄마는 조용히 말했다. "레나에게는 여러 가지 도움이 필요하단다. 같은 반 아이들은 아직 작아서 너를 도울만한 힘이 없어. 그래서 부담이 되는 거야".

그 대신 나는 많은 친구들과 사귀는 법을 배웠다. 언제 어디서나 누구 한 명에게만 부담을 주고 싶지 않았기 때문이다. 물론 가끔은 서글프기도 했지만 그 이유를 이해하고 있었고, 지금에 와서 생각해보면 그 덕택에 친구가 많이 생겼다. 처음 만나는 사람과도 자연스럽게 어울리는 방법을 배웠다. 나는 무서울 게 없었고 장애를 부끄럽게 생각하지도 않았다.

때때로 나보다도 엄마나 아빠가 더 마음 아픈 일이 많았다. 휠체어로 생활하던 5, 6학년 때 예데보리 시에 있는 리세베리 유원지로 소풍을 갔다. 나를 포함하여 모두들 들떠 있었다. 휠체어로 돌아다니려면 힘들 거라고, 아빠가 따라오셨다.

친구 2명이 같이 다니면서 휠체어를 밀어주겠다고 약속했다. 처음 2시간 동안은 잘 지켜졌다. 하지만 재미있는 광경이 눈앞에서 벌어지자마자, 둘은 신나게 뛰어가 버렸고 난 뒤에 남아 있었다. 내게는 그다지 문제될 게 없어서 큰 소리로 아빠를 불렀고, 둘이 달려간 곳으로 휠체어를 밀어달라고 했다. 그러나 아빠에게는 큰 충격이었다. 친구들의 생각이 못

3학년 마치는 날. 나와 선생님과 간호 도우미

미쳐서 그런 거지 결코 왕따 시킨 게 아니라는 것을 아빠도 알고 있었지만, 막상 내가 혼자 남겨진 것을 보고, 아빠는 마음속으로 눈물을 흘리셨다.

같은 반 아이들이 농담 반, 진담 반으로 놀리기도 했지만 내가 신경을 안 쓰니까 놀려도 재미가 없는지 곧 그만두곤 했다.

중학교 때는 독일어로 외다리라는 의미인 "아인 바인"이라는 별명이 붙여졌고, 고등학교 때는 레나를 빗대어 "레니 마카로니"라고 불렸다. 나는 그냥 재미있는 별명이라고 생각했다. 놀려도 내가 신경을 쓰지 않으니까 장난꾸러기들에게는 재미가 없었을 것이다.

엄마, 아빠 모두 내 장애에 대해 감추려고 안 하셨기 때문에 사람들이 나를 쳐다보거나 이것저것 묻는 일에는 익숙해져 있었다. 난, 내 존재 가치는 내면에 있는 거지, 외모에 있지 않다는 것을 어릴 때부터 알고 있었다. 하나도 부끄러울 게 없었다!

오히려 나의 장점을 앞에 내세웠다. 내가 못하는 일을 반 전체가 할 때는, 같이 참가할 수 있는 방법을 생각해냈다. 체육 시간에 벤치에 앉아 있기는 싫었지만 팔이 없는데 농구나 핸드볼을 하는 것은 무리였다. 발을 사용하는 것은 규칙위반이고. 그렇지만 심판이 있지 않은가! 심판이 되어 눈으로 뛰어 다니는 것으로, 나도 게임에 참가할 수 있었다.

참가 못하는 편이 좋을 때도 있다. 야외 수업을 할 때, 숲속을 몇 시간씩 뛰어다니며 오리엔테이션 경기를 하는 것은 정말 싫었다. 그럴 때는 골인지점에 앉아 완주한 사람이 내미는 카드에 펀치로 완주했다는 표시를 하는 게 훨씬 좋았다.

내게 맞지 않는 스포츠도 있었지만, 잘하는 스포츠도 있었다. 수영이 그랬다. 어렸을 때부터 수영교실에 다녔기 때문에 누구보다도 연습을 많이 할 수 있었다. 중학교 1학년 때 수영대회가 있었고, 토르봉과 내가 반 대표로 뽑혔다. 그날은 역사적인 날이 되었다. 다른 5개 반을 제치고 토르봉과 내가 우승했다. 그럼에도 불구하고 내 체육 성적은 "양"이었다.

참 불공평한 세상!

학교 다니면서, 특별히 마음 아픈 일이 일어나지 않은 것은 순전히 부모님 덕분이라고 생각한다. 왜냐하면 부모보다도 사정을 잘 이해하고 있다고 자부하는 공공기관이나 학교 관계자와의 마찰에서 맨 먼저 방어벽이 되 준 것은 부모님이었기 때문이다.

걸스카우트 캠프에서

예를 들면 내가 자립하기 시작했던 중학교 1학년 때의 일이다. 혼자 옷을 입을 수 있었고, 화장실도 혼자 처리할 수 있어, 화장실이나 체조할 때 탈의실에서 간호 도우미가 필요 없었다. 도움이 필요할 때라고는 교과서를 넣는 사물함 바닥에 떨어진 책을 줍거나, 추울 때 입고 있던 외투 단추를 채우는 일 정도였다.

내가 스스로 뭐든지 한다는 것을 알고 있던 간호도우미는 할 일이 없었기 때문에 학교 사무 일을 도와주기 시작했다.

중학교 1학년을 마쳤을 때 아빠는 교장 선생님에게 전화를 걸어 내게는 이제 도우미가 필요 없다는 것, 대부분 혼자 할 수 있고, 좀 어려운 일은 반 친구들한테 도움을 받으면 된다는 것을 이야기했다. 그런데...

교장 선생님은 받아들이지 않으셨다!

막중한 책임을 학생들에게 맡길 수 없다는 것이었다. 사물함에서 교과서를 꺼내거나, 외투의 단추를 채우는 일이 막중한 책임이라니!

이 일 때문에 아빠는 선생님을 몇 번씩이나 만나 이야기를 했다. 그래도 학교측은 양보를 하지 않았고, 중2 때까지 간호도우미가 있었다. 나와 도우미는 1주일에 한 번 만나서 인사하는 정도였지만, 학교 사무실 직원들에게는 분명 고마운 분이었으리라. 무보수로 1년 동안 그녀의 도움을 받았으므로.

이보다 더 평안할 수 없다

하나님은 내 성장기에 있어서 늘 당연한 존재였다. 물론 그것을 어떻게 설명해야 할지 모르지만 어린 마음에도 하나님이 나와 함께 계시다는 것을 알고 있었다. 부모님은 미션파 교회에서 열심히 봉사하는 분들로, 둘에게 있어서 하나님의 존재는 매일매일 마시는 공기처럼 자연스러웠다. 언제나 참된 평안을 가져다주는, 조건 없이 우리들을 사랑해주시는 분은 하나님이시다. 부모님의 신앙은 내게 좋은 영향을 미쳤다.

그렇지만 우리 가족의 생활은 딱딱한 종교 생활과는 거리가 멀었다. 우리는 매일 저녁 함께 기도를 드리고, 찬송가 "이 이상의 평안은 없다"를 1절부터 5절까지 모두(!) 불렀지만, "이렇게 기도해", "저렇게 행동해야 돼"라고 강요하신 적은 한번도 없었다. 하지만 우리가 이야기할 때, 항상 전제

되는 것은 하나님이 함께 계시다는 것이었다.

우리들이 다니던 교회는 스모랜드 지방의 예루살렘이라고 불릴 정도로 기독교 신자가 많은 지역에 있는 자유 교회였다.

아빠는 청년부의 책임자로, 청년들이 종종 아빠와 함께 우리 집에서 모임을 가졌다. 엄마는 주일학교 선생님으로, 걸스카우트 단장이기도 했다. 그렇지만 가족들의 시간을 빼앗긴다고 느낀 적은 한 번도 없었다.

우리 가족은 일요일을 포함하여 하루걸러 한 번 정도씩 교회에 갔다. 예배 때는 얌전히 앉아있었고, 심심해지면 그림을 그리거나 그림책을 보았다.

나는 주일학교와 아동성가대에 참여했다. 조금 커서는 걸스카우트, 청년성가대에서 활동했다. 나는 다른 사람들의 모습을 보면서, "나의 하나님"에 대해 생각해 보았다. 하나님을 향한 신앙은, 내게 더할 수 없는 평안함을 가져다주었고, 12, 3살 무렵부터 믿음이 좀 더 깊어졌다.

"하나님께 구원을 받았다, 하나님의 계획하심을 느낀다, 음성을 직접 듣는다" 이런 특수한 체험을 이야기하는 사람이 우리 교회에는 많이 있었다. 하지만 내게 그런 특수한 체험은 없었지만, 신앙은 항상 잔잔하게 내 생활의 일부분으로 다가왔다.

아동성가대에 처음 참가했을 때 (맨 뒷줄 제일 오른쪽)

구역 식구들과 버스 여행, 노래 한 곡조

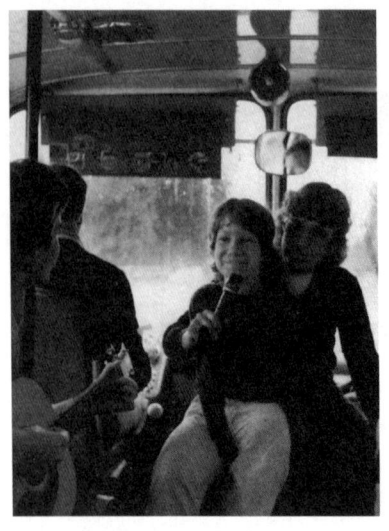

우리 구역 식구들은 내게 소중한 의미를 갖는다. 장애를 안고 있던 나를 있는 그대로, 한 명의 인간으로 받아주었던 분들. 이 안에서 성장할 수 있었던 것은 다행이었다. 물론, 하보 마을 미션파 교회의 교구에서 자란 아이들은 장애가 있든 없든, 모두 나와 비슷한 경험을 했겠지만.

우리 구역에는 나이 드신 분을 비롯하여 아이들에 이르기까지 다양한 연령층이 있었는데 구역장들이 모든 면에서 신경을 써주었고 젊은 사람들에게는 하고 싶은 일을 마음껏 할 수 있게 적극 후원해주었다.

청년부에는 형제가 많았는데 우리들 15명은 특히 잘 뭉쳤고 언제나 함께 했다. 나는 교회 활동에 적극적으로 참여했다. 일요일은 예배를 드렸고 저녁때는 교회 10대모임에 참여해 차를 마시면서 교제를 나눴다. 시내로 쇼핑을 나가거나, 서로의 집에 놀러 가기도 했다. 거의 같이 자랐기 때문에, 서로의 마음을 잘 헤아릴 수 있었다. 이들에게 나는 그냥 레나였고, 특별대우를 받아야 할 친구가 결코 아니었다.

친구들은 자연스럽게 나를 대해 주었다. 모두 카누로 하이킹을 갈 때는 같이 못가서 슬펐지만, 아무도 동정하진 않았다.

"같이 갈 수 없다는 것, 너도 알고있지?" 아무렇지도 않은 듯 이들은 말하지만, 그 속에는 나에 대한 깊은 배려가 들어 있었다.

친구들은 18세 생일을 맞이하면 누구나 면허를 땄다. 내가 18세가 됐을 때, 친구 중 한 명이 "왜 레나는 면허를 안 따니?"라고 물었다. 물론 놀리는 말이 아니었다.

내가 면허를 취득하는 일은 친구들에 비해 번거로웠다. 우선 내 발에 맞게 개조한 차를 사기 위해 시에다 보조금을 신청했다. 보조금이 나오고 차를 개조한 다음, 비로소 면허를 취득하기 위한 연습을 받을 수가 있었는데 일단 허가가 떨어지자, 일은 신속하게 진행되었다.

물고기처럼

예데보리에서 열린 1986년 신체 장애자 세계 수영 선수권 대회 대회장 중앙 스피커에서 스웨덴 국가가 흘러나왔다. 나를 위한 연주였다. 따뜻하고 기분 좋은 날, 눈부시게 푸른 하늘에서는 햇살이 아련히 비추고 있었다.

금메달 때문일까? 기분까지 상쾌했다. 방금 전, 50미터 배영에서 우승한 것이다.

여기까지 오는 길이 내겐 특별히 힘들지는 않았다. 하지만 대부분의 선수들은 지금 이 단상에 서기 위해 몇 년씩이나 훈련을 쌓아왔다.

지금 내가 국가 대표팀의 일원이라는 사실은 사실 꿈만 같다.

3살 때, 엄마, 아빠, 올래와 함께 옌세핑구의 수영장에 갔을 때만 해도, 오늘 같은 날이 오리라고 누가 상상이나 했을까? 당시 나는 할리웍 영법이라 불리는 방법으로 수영을 배우기 시작했다. 영국에서 시작된 이 영법은, 아이들이 튜브를 끼지 않고 수영을 배우는 방법이다. 수영장에서는 부모와 코치들이 항상 아이들 곁에 붙어서, 물이 무섭지 않다는 것을 가르친다.

장애아가 있는 옌세핑구의 스틱 쇼랜더목사님이 할리웍 영법을 배워오셔서 수영을 배우고 싶어하는 장애아들을 위한 수영 교실을 연 것이다. 물 속에서 몸을 움직이면 전신 운동이 되었고, 몸이 불편해서 보통 때는 쓰지 않던 근육도 단련시킬 수가 있었다.

아빠가 일할 때를 제외하고는 언제나 가족이 함께 수영장에 갔다. 우리 가족은 모두 수영을 좋아해서, 일주일에 한번의 저녁은 꼭 수영장에 간다. 수영 교실에서는 앞에 있는 사람의 동작을 흉내내는 "죤 놀이"나, 물 속에서 숨을 내쉬며 보글보글 거품을 내뿜는 "커피 끓이기"라 불리는 물놀이부터 시작한다. 참가자 한 명 한 명마다 부모가 붙어 있고, 때에 따라 형제들도 함께 왔기 때문에 수영장은 항상 사람으로 만원이었다.

물이 익숙해지면, 다음 단계는 엄마나 아빠가 붙잡아주면

3살 때 시작한 할리웍 영법. 수영 선생님 스틱 쇼랜더와 함께

서 물에 뜨는 연습을 한다. 엄마나 아빠가 손을 놓고도 물에 뜰 수 있게 된 것은 5살 때였다. 훈련을 쌓아 1년 후에는 혼자 헤엄칠 수 있게 되었다. 처음에 등으로 뜨는 것을 배웠기 때문에 자연스럽게 배영부터 배우기 시작했다.

처음에는 발만 사용해서 속력을 냈는데 점차 다른 기술을 배워나갔고 평영도 할 수 있게 되었다. 물에서는 머리만 밖으로 한다. 물 속에서 수영하는 것도 좋지만 나는 뜨는 것을 잘했다. 수영장에 있던 사람들은 "아빠는 돌처럼 가라앉는데, 레나는 코르크처럼 가볍게 잘 뜨네"라고 농담을 했다.

초등학교 2학년, 반 전체가 수영장에 갔을 때는 이미 수영을 할 수 있었다. 맨 먼저 수영장에 뛰어들었고, 2백 미터 헤엄친 것을 증명하는 뱃지를 받았다.

여러 가지 기술을 연습해서 내게 제일 잘 맞는 수영 방법은 접영이라는 것을 깨달은 이래로 접영이 주종목이 되었다. 접영에서는 몸을 파도처럼 움직여 다리와 발을 사용해 속도를 낸다. 돌고래의 헤엄치는 방법을 흉내내는 것이다. 나는 이 기술을 배영할 때도 사용했다.

그리고 지금, 나는 세계 선수권 대회에서 메달을 획득했다.

그렇지만 지금부터 3년 전에 한 번, 수영을 그만둔 적이 있었다. 그 때는 수영을 다시 시작하는 날이 오리라고는 생각지도 못했다.

그 전에 1년 반 동안 다이빙 연습을 한 적이 있었다. 1미터 높이의 점프대에서 물로 뛰어드는 것인데 나는 다이빙이 참 좋았다. 하지만 다음 학기에 모두가 3미터의 점프대에서 다이빙 연습을 하기로 했을 때, 나는 하지 말라는 경고를 받았다. 나도 다른 애들처럼 머리부터 먼저 뛰어들었는데 손이나 팔로 물을 가르지 않고 뛰어드는 것은 위험하다는 것이었다. 그래서 내 수영 생활도 이것으로 끝이구나 생각했다.

그래도 운동은 계속했다. 미션파 교회는 하보 체육관에서 수요일 밤과 토요일 오전 중에 배구교실을 열었다. 나는 여기 참가해 상당히 엄격한 초보자용 훈련을 받았다. 처음 훈련에서는 30분간 계속해서 머리로 공을 퉁기는 연습을 했고, 다음날이면 머리가 몹시 아팠다. 하지만 이 훈련 덕분에 공이 날아와도 무섭지 않았고, 헤딩을 해도 머리가 아프지 않았다.

나는 때때로 우리 팀과 함께 스카라보리 현의 지역 교회가 주최하는 시합에 나갔다. 우리 여성 팀은 금세 졌지만 시합은 즐거웠고, 티브로에서 참가한 남성 팀 시합을 보는 것

1986년, 스웨덴에서 열린 신체 장애자 세계 수영 선수권 대회에 참가

은 즐거웠다.

1983년에 옌세핑구 사람에게 전화가 걸려 왔다. 신체 장애자 스포츠 협회를 만드는데, 수영 동호회에 참가해 달라는 권유였다. 이미 여러 신문이 나를 기사로 다뤘기 때문에 내 이름이 이 지방 사람들에게는 조금 알려져 있었다. 내가 참가하여 훈련을 시작하면 다른 장애아들도 수영을 시작하지 않을까 하는 생각에서였다. 그렇게해서 약 2년 간 모든 수중 스포츠로부터 멀어져 있었던 나는 다시 수영을 시작하게 됐다.

전국 각지의 시합에 참가했고, 핀란드에서 열린 북유럽 대회에도 참가했다. 그리고 1986년 장애자 수영 스웨덴 선수권 대회에 참가하는 초대장이 수영 동호회에 도착했다. 그때 모두가 내게 참가하라고 말했다.

스웨덴 선수권 대회는 스톡홀름에서 열렸고, 나는 25미터 접영, 배영, 평영, 자유영의 4종목에 출전했다. 당시, 장애자 스포츠 각 종목은, 지금에 비하면 훨씬 세분화 되어 있어서 코스 순서와 시합 시간을 외우는 것만으로도 힘들었다.

그러나 나는 시합 시간도 코스 순서도 실수하지 않았다. 배영과 자유영에서 2위를 하여 은메달을 땄다. 평영은 시원찮았지만 접영에서는 스웨덴 신기록을 내고 우승했다.

다른 사람 뿐만 아니라 나 스스로도 깜짝 놀랐다! 그때 국가 대표팀 코치가 나를 주목하여 스웨덴 선수권 대회가 끝나기 전에 나는 스웨덴 장애자 국가 대표팀의 일원이 되었다.

놀라운 일이었다!

이렇게 해서 갑자기, 수영을 좀더 신중하게 생각하게 되었다. 주 1회 연습 대신 주 4회 연습을 시작했다. 가끔 국가 대표팀과 훈련 캠프를 가졌다.

만화의 주인공과 같은 크나센이라는 별명으로 잘 알려진 얀 오케 순브링크는 예전에는 국가 대표팀 코치를 하고 있었는데, 그때는 내가 다니던 수영장의 관장을 맡고 있었다.

1988년 서울 장애자 올림픽을 목표로 수영 상급반에서 맹연습

그는 나를 지도해 주었고, 그후에도 몇 년 동안 나의 개인 코치를 맡아주었다.

집중적으로 연습했을 때는, 한번에 2천 미터에서 3천 미터까지 수영을 했다. 혼자 수영할 때도 있었고, 다른 장애를 갖고 있는 선수와 함께 수영을 하거나, 엔세핑구 수영 동호회의 상급반 선수와 같이 수영한 적도 있었다. 수영장에서 먹고 자는 게 아닐까 하고 일부 사람들이 생각할 정도로 나는 늘 수영장에 있었다.

건강한 오른쪽 다리의 힘을 기르고, 몸의 움직임을 부드럽게 하는 것이 중요했다. 발톱부터 머리에 이르는 움직임에는 리듬감을 갖게 하는 오른쪽 다리의 운동이 요구되었다. 그것이 제일 효과적이었기 때문이다. 내 음악에 대한 감성과 리듬감이 물 속에서도 도움이 되었다.

크나센과 나는 잘 맞았다. 그는 훈련에 대한 나의 의욕과 열의를 마음에 들어했고, 나는 그가 목표를 정하고, 그것을 향해 걸어갈 때 타협하지 않는 태도가 좋았다. 훈련할 때는 항상 작은 목표와 큰 목표를 세웠고, 그 목표를 달성하게 함으로써 더욱 더 힘이 나게 했다.

스웨덴을 대표하는 국가 대표팀 선수로서, 세계 선수권 대회에 참가하게 되었을 때, 나는 조금 실망했다. 세계 선수권 개최국으로 여행을 하는 꿈을 꾸고 있었는데, 개최지가 집에서 1시간 반 걸리는 예데보리로 결정됐기 때문이다. 내가 가고 싶었던 개최지는 예데보리가 아니었다.

하지만 나는 지금 예데보리에서 열리고 있는 세계 선수권대회 시상식 단상에 서 있다. 귀로는 국가를, 눈으로는 햇살을 받으며. 세계 제일이 된다는 건 어떤 느낌일까 궁금했는데 내가 생각했던 것만큼 강렬하지는 않았다. 물론 우승을 하니 기분이 상쾌했다.

세계 선수권대회가 끝나기 전에, 금메달과 동메달을 각각 하나씩 더 목에 걸었다.

서울 올림픽을 향하여

　예데보리 세계 선수권 대회에서 스웨덴 수영 선수들은 눈에 띄는 좋은 성적을 올렸다. 금메달을 아마 42개 나 딴 것으로 기억한다.

80년대 중반, 스웨덴 장애인 수영은 파죽지세였다. 독일, 영국, 미국 같은 "대국"과 어깨를 나란히 했고, 대국을 뛰어넘을 때도 있었다.

경쟁 종목은 장애별로 세분화되어 있었다. 나만 좋은 성적을 낸 것이 아니라, 세계 정상을 달리는 선수가 5, 6명 정도 있었다. 각각 4종목에서 5종목의 대표로 선발되어 모두 여러 개의 메달을 땄다. 그 중에 늘 좋은 성적을 올리던 쌍둥이 센베리 자매, 마가리타와 가브리엘이 있었는데 그들과 좋은 친구가 되었다.

수영 협회 임원들의 노력도 빼놓을 수 없다. 훈련 캠프나 시합에 참가하기 위한 후원금을 주셨던 분들. 이런 후원이 없었다면 캠프나 시합에 도저히 참가할 수 없었다.

예를 들면 덴마크 영토인 페로 군도에서 열렸던 북유럽 선수권 대회. 장애자 수영 협회 벤구드 오로프슨 회장은 대회장까지의 왕복길에 군용 수송기 하큐리즈를 제공한다는 약속을 방위성으로부터 받아냈다. 그물침대 같은 의자에 앉아 안전벨트를 꽉 매고, 방음기구를 낀 여행이었고, 잡음이 심했지만 스릴 만점의 즐거운 여행길이었다. 돌아올 때는 더 아슬아슬했다. 날씨가 너무 나빠 비행기가 뜰 수 없었는데, 우리들이 탔던 하큐리즈 만은 예외였다. 그처럼 흔들린 하늘여행은 처음이었지만, 다른 나라 팀들처럼 날씨가 좋아지기를 기다릴 필요도 없이, 전원이 즐겁게 무사히 귀국했다.

또 훈련 캠프에 갔을 때의 재미있는 추억이 있다. 린슈핑 구에서의 공개 연습 후, 트란오스 시의 훈련 캠프로 돌아오는 도중이었다. 나는 초보운전으로, 국가 대표팀 동료인 안네리 우스텔스토롬과 마리 루이즈 후레이를 태우고 있었다. 맥도널드(국가 대표팀 선수가 맥도널드라니 규칙위반이다!)에 들렀는데, 열쇠를 그만 차안에 둔 채로 문을 잠가 버렸다.

운전을 하면 놀랍게도 자유로워진다. 스톡홀름에 이사 갔을 때부터 특히 그랬다

경찰에 연락을 했더니 곧바로 경찰차가 왔는데, 우리들을 본 경관은 처음에는 차 문 여는 것을 망설였다. 팔이 없는 나와, 키가 극단적으로 작은 안네리와 마리 루이즈를 교대로 바라보면서 물었다.

"누가 이 차를 운전하지?"

내 차 혼다프레류드는 언뜻 보면 거의 보통 차와 똑같다. 핸들은 보통 위치에 있고, 오른발로 운전을 한다. 엔진이나 브레이크 페달은 내 왼발에 맞춰 조금 길게 해놨을 뿐이다. 라이트나 방향 지시등은 머리 받침대 부분에 만들어 머리로 눌러 작동한다.

운전 면허증을 요구했는지는 기억나지 않지만, 별 탈 없이 문제는 해결되었다. 이 사건(?)을 듣고 호기심에 찬 경찰차가 5대나 달려왔고, 이것저것 물어본 끝에 겨우 차 문을 열어 주어서, 우리는 캠프로 돌아올 수 있었다.

세계 선수권 대회가 열린 다음 해인 1987년에는 유럽 선수권 대회가 프랑스에서 개최되었다. 나는 최상의 컨디션으로 4종목에서 4개의 금메달을 땄다. 사실은 접영으로 세계 기록을 갱신한 이후에, 어느 종목에서 어떤 기록을 남겼는지 전혀 기억이 안 난다.

유럽 선수권 외에도, 시합이나 합숙을 위해 몇 번인가 유럽 대륙에 원정을 갔다. 그 때 나처럼 팔이 없는 프랑스 선수를 만난 적이 있다. 우리들은 수영 동료들과 함께 야외에서 트럼프를 즐겼다. 이 프랑스 친구와 내 트럼프 놀이는 독특했다. 물론 발을 사용한 트럼프였다. 그의 트럼프 다루는 기술보다도 그 긴 발가락이 부러웠다. 트럼프를 넘기는 긴 발가락은 내 통통한 소시지 같은 짧은 발가락과는 비교가 되지 않았다!

많은 사람들이 훈련의 최대 목표로 삼고 있던, 파라림픽이 다가오고 있었다. 신체 장애자의 올림픽인 파라림픽은, 보통 올림픽처럼 서울에서 열릴 예정이었다. 나는 당시 이미 스톡홀름에 이사를 와서 음악대학에서 공부하고 있었는데, 역시 파라림픽을 목표로 하고 있었다. 하지만 수영과 다른 훈련에 너무 많은 시간을 뺐겼다.

도대체 매일 무엇을 하고 있는 거지? 생활에 회의가 느껴지기 시작했다. 이렇게 고생할 가치가 있는 것일까? 더구나 훈련이 재미있다고 느낀 적은 한 번도 없었다!

나를 앞으로 나아가게 한 것은 명예나, 성공이 아니라, 여행을 하는 즐거움, 훈련 캠프나 시합에서 피어나는 수영 선수끼리의 우정이었다. 캠프 때마다 밤을 세우며 동료들과 이야기를 했다. 장애자로서의 상황에 대해, 인생이나 하나님에 대해서도 이야기를 나누었다. 이럴 때마다 나를 사랑하시며 신앙으로 이끌어 주셨던 부모님이 가장 큰 축복이라는 것을 깨달았다.

왜 내가 내 장애에 대해 분노나 불쾌한 감정이 없는 지를 친구들에게 이야기했고, 친구들의 이야기에도 귀를 기울였다. 훈련을 계속했던 것은 이러한 대화에 의미를 두고 있었기 때문이다.

그러나 서울 올림픽을 목표로 하던 10개월의 훈련을 눈앞에 둔 시점인 1988년 1월, 나는 수영이 너무나 싫어졌다. 그만두고 싶었다. 다음 주에 국가 대표 코치를 만나 그만둔다고 해야지, 하나님과 내 자신에게 맹세했다. 그런데 이틀 후 한 여성이 전화를 걸어왔다. 몇 년 동안, 언제나 나를 위해 기도해 주었던 분이었다. 그녀는 기도하던중에 지친 나를 격려하라는 하나님의 음성을 들었다고 했다. 내가 수영을 그만둘 계획을 그녀는 알 턱이 없었다. 하지만 이 전화를 계기로 나는 생각을 바꿨고, 연습을 계속해서 파라림픽 대표팀 선수로 선발되었다.

파라림픽 최고의 체험은 역시 개막식이었다. 관람석에는 7만 명의 관중이 모여있었고, 60개국으로부터 모인 장애를 가진 4천 명의 스포츠 선수들이 올림픽 스타디움에 입장했

파라림픽에 참가한 스웨덴 국가대표팀(가운데 줄 우측에서 세 번째)

다. 스웨덴 팀은 132명이었다. 대회장의 거대한 스크린에는, 입장하는 선수들의 모습이 크게 비춰졌고, 중앙 스피커에서는 음악이 흘러나왔다.

성화가 점화되었다.

개막식 세레모니는 밝고 화려했으며, 일반 올림픽에 비해 전혀 격이 떨어지지 않았다. 파라림픽을 축하하며 이처럼 큰 기쁨을 느끼는 사람들과 함께 있다는 것이 감격스러웠다. 천국에 간다는 것은, 아마 이런 느낌이 아닐까.

서울 전체가 올림픽 물결이었다. 다른 올림픽 개최국에서는 보통 올림픽이 끝나면 올림픽 열기가 식어버리는데, 서울은 달랐다. 장애우들의 시합이, 비장애우 스포츠맨들의 시합과 똑같이 중요하다는 것을 시 전체가 인식하고 있었다. 곰돌이가 파라림픽의 독자적인 마스코트였다. 올림픽의 낡은 현수막과 포스터는, 파라림픽의 새 현수막과 포스터로 바뀌졌고, 아름다운 꽃과 깃발이 여기저기 휘날렸다.

물론 실수도 있었다. 올림픽 선수촌을 세울 때, 신체 장애자용의 기숙사를 짓는 것을 잊은 것이다. 주최측은 긴급 공사로 장애자용 선수촌을 지었다. 장애우들에게 맞는 고층 주택이 9동 세워졌고, 파라림픽에 출전하는 선수들은 이 새 주택에 들어갔다.

시합에는 많은 관객이 모였고, 매스컴도 주목하였다. 대회장은 초만원이었다. 서울에 있는 기독교 신자들도 많이 왔다. 사람들은 형형색색의 깃발과 현수막을 흔들며 응원했다. 관람객중에 외국 선수에게 그 나라 말로 응원하는 사람들이 있었기 때문에 선수들은 마치 자기 나라에서 시합을 치르는 듯한 느낌이 들었고 힘이 났다.

나는 4종목, 25미터 배영, 접영, 자유영, 평영에 참가를 신청했다. 제일 자신 있는 종목은 접영으로 자신감에 부풀어 있었다. 그런데 이 종목을 신청한 국가가 적었고, 시합 전날 1개국이 참가를 취소하여 출전 선수 부족으로 시합 전날 밤 25미터 접영은 중지되었다.

아홋브라덴트지의 레이프 오케 요셉슨 기자는, 이것에 주목하여 다음과 같은 기사를 썼다.

"레나 마리아 요한슨은 오늘날의 장애자 스포츠의 희생자다. 레나 마리아의 경우는 파라림픽에서 일어나는 작은 예다. 그녀의 주 종목에는 최저 출전자 4명이 모이지 않아 인원수 부족으로 시합은 취소되었다. 레나 마리아는 다른 종목에 참가하여 5등, 6등의 성적을 올렸지만 접영시합의 취소로 금메달 밭인 올림픽에서 메달을 딸 수 없었다. 그녀는 다음 올림픽까지 버틸 기력이 남아있을까? 1992년에 열리

수영 선수로서 여러 나라를 방문하였고, 많은 사람을 만날수가 있었다

는 바르셀로나 올림픽에서 레나 마리아에게 새로운 기회가 주어질까…"

접영이 취소가 되어 약간 실망하기는 했지만 희생자라고 생각하지는 않았다. 오히려 배영에서 4등, 자유영에서 5등, 평영에서 6등의 성적을 얻었다는 게 더 기뻤다. 하지만 수영은 더 이상 하고 싶지 않았고, 앞으로는 노래와 음악에 힘을 쏟고 싶었다.

바르셀로나를 목표로 할 마음은 애초에 없었기 때문에 서울 올림픽이 내 마지막 시합이 되었다.

흔히 말하는 "정상에 있을 때 그만둘 것"을 실천했다.

노래와 신디사이저

내 목소리가 좋다(?). 처음에는 아무도 믿지 않았다. 나도 특별하다고 생각한 적이 없었으니까. 하지만 태어났을 때부터 노래와 음악은 나와 함께 했다. 주로 찬송가와 아빠가 좋아하는 오크릿지 보이즈(가스펠 송과 블루스를 부르는 인기 그룹)의 노래를 들으며 자라났다. 엄마, 아빠를 비롯하여 친척 모두가 악기를 연주하고 노래 부르는 것을 좋아해서, 나도 어려서부터 여러 악기를 자연스럽게 접했다. 어릴 때 친척들이 모이는 파티에서 종종 노래를 불렀는데 모두에게 보이도록 의자 위에 서서 노래를 불렀다.

크리스마스날, 우리는 양로원을 방문했다. 크리스마스 캐롤에서 좋은 곡으로 양로원에 계신 할아버지, 할머니 앞에서 노래를 불렀다. 그 때 일은 지금도 즐거운 추억으로 남아

이미 어려서부터 음악에 관심이 있었다
마리아 엘랜드슨에게 전자 오르겐을 배우고 있는 내 모습

있다.

 교회와 시청의 음악교실도, 내 음악적 소양에 커다란 영향을 주었다. 나는 반케류드 마을 미션파 교회의 아동성가대에서 노래를 불렀다. 그 때 처음으로 작곡을 한 것이「친구가 되고싶어요」라는 노래였는데, 아빠가 짧은 멜로디에 가사를 붙여주셔서 아동성가대에서 자주 불렀다.

 나는 어려서부터, 비교적 음정이 정확했기 때문에 가끔 독창을 했는데 너무나 기뻐서 부끄러워하지도 않았다. 그룹 중앙에서 주목받는 것을 좋아했고, 이 경험은 두고두고 도움이 되었다.

 음악교실에서 배우는 악기는 집에 있는 전자오르겐으로 선택했다. 초등학교 3학년 때, 마리아 엘랜드슨이라는 아동성가대의 선생님이, 일주일에 한 번씩 집에 와서 개인 지도를 해주셨다. 발이 딱 맞는 위치에 올 수 있게 오르겐보다 높은 의자에 앉았다.

 중학생이 되어 교회의 오르겐을 연주하고 싶다고 하자 건반이 발에 닿는 높이로 앉을 수 있도록, 의자에 특별한 보조기구를 달아주셨다. 물론 발로 페달을 밟는 것은 불가능했지만 아름다운 찬송가의 연주를 배우는 것만으로도 즐거웠다.

중학교 3학년때는 노래 레슨을 받았다. 나는 노래를 특별히 잘 하지 못했지만 음악은 너무너무 좋아했다.

고등학교에 가기 위해 학교를 결정해야 할 시기가 다가와 고민하기 시작했다. 내 성적은 중간 정도로 그다지 좋지도 않았고, 만약에 노력해서 인문계에 들어간다해도 대학을 가기 위해 공부만 한다는 것은 진짜 싫었다. 비서나 OL(office lady)이 되고 싶었는데 음악 고등학교가 있다는 것을 알고 나서는 관심이 그곳으로 쏠렸다. 2년 과정으로, 사회 복지 과정과 음악 과정이 하나로 통합되어 있는 것도 내 흥미를 끌었다.

문제가 하나 있었다. 지원자가 너무 많아서, 내 성적으로 합격한다는 것은 그야말로 그림의 떡이었다.

그러나 결과는 합격!

운이 좋았던 것은, 음악코스에서 실기가 중요시되었고, 나는 입학 시험에서 실기를 인정받아 이 학교 학생이 되었다. 하지만 당시의 내 실력은 특별나게 눈에 띄는 게 아니었기 때문에 장애가 있다는 것이 입학할 수 있었던 진짜 이유였다고 생각한다.

페루 브라헤 고등학교에서의 2년간은 너무나 의미있었고, 나의 학교 생활을 통해 제일 좋았던 시기였다. 학교 수업은

9학년 (중학교 3학년) 때 같은 반 친구들

노래와 신디사이저 · 93

특별히 지어진 음악관에서 했으며, 우리들은 하루의 대부분을 여기서 보냈다. 거의 모든 수업이 아침 8시부터 시작되었는데, 우리들은 저녁때까지 음악관에 남아있는 경우가 많아 밤 9시 방범시설이 작동되기 직전에 서둘러 귀가하는 일이 많았다.

1년간 「웨스트사이드 스토리」를 연습해서 1주일 정도 공연했는데, 나도 오케스트라의 일원으로서 신디사이저를 연주했다. 2번 정도 학교에서 런던을 방문해 진짜 뮤지컬도 보았다.

이 시기에 청년성가대 지휘도 맡았다. 아동성가대에서 청년성가대로 올라가면서 청년성가대의 리더로 지휘를 해보지 않겠느냐는 권유를 받았다. 물론 팔로 지휘를 할 수 없었지만, 합창의 지휘는 손으로 지휘봉을 잡는 것보다 연습이 더 중요했다. 그래서 성가대가 무대에 설 때면 나는 모두 앞에서 노래로 리드하거나, 머리, 입술, 시선, 몸 동작으로 지휘를 했다.

성가대는 점점 실력이 나아졌고, 다른 교회에서도 콘서트를 열어달라는 의뢰가 왔다. 이러한 교류를 통해 내 자신도 웨스텔예더랜드 지방과 스모랜드 지방의 교회에서 무대에

고등학교 졸업식. 남동생 올래와 함께

서거나, 독자적인 콘서트를 점차 열게되었다.

음악은 계속 공부하고 싶은데, 고등학교를 졸업하면 어떻게 할까? 친구들 대부분이 음악대학이나 음악전문학교에 입학하기 위한 준비를 하고 있어서 나도 같은 길을 가기로 마음먹었다.

나는 스톡홀름 음악대학에 가기로 결정했는데, 원서를 내기 전에, 고등학교 음악교사 라슈 페숀과 함께 스톡홀름까지 가야만했다. 나도 음악대학 교육내용에 대해 알고 싶은 것이 있었고, 대학 측에서도 나에 대해 여러 가지를 알고 싶어했다.

대학의 교육 내용에 대한 상세한 설명과, 어떻게 하면 나도 수업에 참가할 수 있는지 등, 조목조목 이야기를 나누었다. 학교측은, 내가 장애가 있어도 아무 걱정할 것이 없다며 입학원서를 제출하라고 격려해주었다.

수험생들에게 15분이 주어졌고, 시험감독관 앞에서 지금까지 키워온 음악실력을 보여야만 했다. 그 시험에서 나는 신디사이저로 반주를 하며 「나는 못난이」라는, 아주 재미있는 노래를 불렀다. 며칠 후 대학으로부터 개인 지도 코스 합격자 4명 중 1명으로 선발되었다는 통지를 받았다. 「나는 못난이」덕분이 아니었을까!

'레나 요한슨 - 그 팔 없는 사람'으로 불리지 않기 위해

레나 요한슨, 레나 요한슨, 레나 요한슨, 레나 요한슨. 전화번호부를 안 찾아봐도 스톡홀름에 같은 이름을 가진 사람이 수없이 많다.

"레나 요한슨 - 아! 그 팔 없는..."이라고 불려지기 싫어서 스톡홀름으로 이사오기 전에 새로운 이름으로 바꾸고 싶었다. 헬싱랜드에 살고있는 3명의 사촌들은 모두 예명을 갖고 있었다. 나는 레나 이외에 '마리아'라는 이름도 가지고 있어, 이 두 이름을 합해 사용했다. 가을 신학기가 되어 스톡홀름으로 이사 와서, 사람들은 나를 레나 마리아로 불러주었다.

편한 집을 놔두고 낯선 곳으로 간다는 것은 누구나 쉬운 일이 아니다. 나는 새로운 생활에 기대를 걸고 있었지만 조

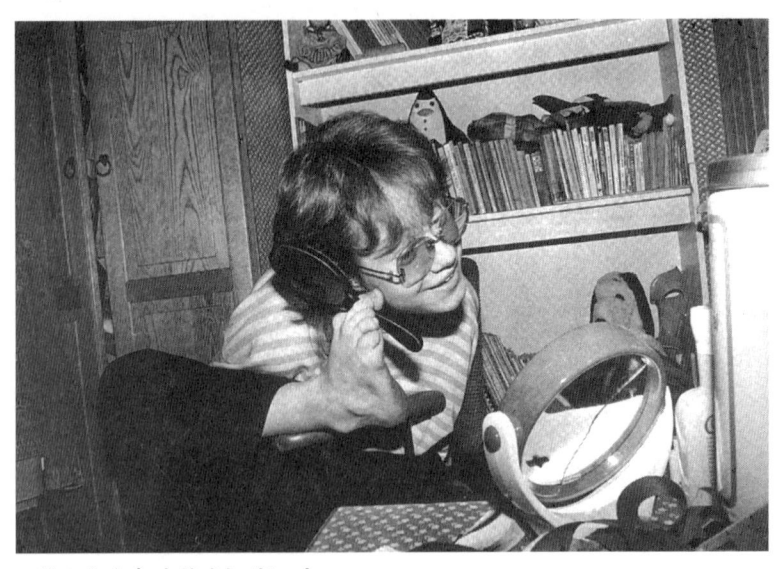

학교에 가기 전 화장을 하는 나

금은 걱정이 되었다. 같은 반 학생 3명이 음악대학에 진학했고, 모두 텍넬가든 근처 학생기숙사의 같은 층에 방을 정했기에 집을 떠나 홀로 뚝 떨어져 사는데서 오는 불안감을 그들이 어느정도 덜어주었다.

태어나서 처음으로 일상생활 전부를 혼자 해야만 했다. 집에서는 늘 엄마가 이것저것 챙겨주셨는데, 혼자서 집안일을 모두 해야 한다. 정말 혼자 할 수 있을지 걱정이 되어, 처음 6개월은 1주일에 한 번 홈헬프 서비스(가정부)를 부탁했다.

실제로 도움이 됐지만, 3주일에 1번씩 새로운 분으로 바뀌었고, 그때마다 일을 지시하는 게 번거로웠다. 내가 혼자 하는 게 차라리 편하고 시간 제약도 안 받았다. 손이 많이 가는 일도 있었지만 할 만 했다.

내가 선택한 과정은 개인별로 커리큘럼이 짜여졌고, 본인이 과목을 선택할 수 있었다. 노래 지도도 희망하는 성악가를 고를 수 있어서 나는 레나 에릭슨에게 부탁을 드렸다. 레나 에릭슨은 개인 지도도 하고, 대학 입학 심사위원회의 위원이기도 했다. 4년간의 레슨에서 정말 많은 것을 배웠다.

레슨 시작하는 날부터 레나 에릭슨은 "무엇을 할 수 있는

지는 그때마다 가르쳐 주면 되잖아"하며, 내 장애에 대해 특별히 신경 쓰지 않았다. 그야말로 내가 원하던 바였다. 몸 전체를 사용해 소리 끌어내기, 배꼽 밑에서부터 힘있게 노래 부르기, 노래로 감정을 전달하는 법 등을 지도해주었다.

"목소리는 감정 그 자체야" 레나 에릭슨은 말했다.

처음에는 내가 경험해본 적이 없는 감정을 충분히 표현할 수가 없어 자주 지적을 받았지만 나는 전적으로 그녀의 말에 따랐다. 모든 이들의 마음을 울리는 소리를 내고 싶었다.

내 신앙을 노래를 통해 다른 이들에게 전하고 싶어, 가끔 교회에서 콘서트를 열었다. 음악대학에서 만난 한스 인게 맥누슨이라는 남성 피아니스트와 함께, 스웨덴 중부 지방에서 공연을 시작했다.

물론 대학에서도 내 신앙을 전하고 싶어서 대학 친구들과 인생에 대해 종종 이야기를 나누었다. 하나님과 하나님에 관련된 여러 가지 이야기들을...

즐거우면서 의미있는 시간이었다.

나는 스웨덴의 예루살렘이라 불릴 정도로 크리스천이 많은 지방에서 성장했기 때문에, 왜 하나님을 믿는지에 대해 깊게 생각해 본 적이 없었다. 친구들에게 내 입장과 의견을 설명했을 때, 그때까지의 내 생각과 이상이 나의 생각이 아닌, 부모님으로부터 이어 받은 것임을 깨달았다. 스스로 키워나간 기반이 아니었다. 스스로에게 질문을 던졌고, 생각하고, 기도하고, 성경을 읽었다.

시간이 지남에 따라 내 신앙이 뿌리를 내렸고, 조금씩 강건해졌다. 일상의 작은 기적을 통해 하나님의 손길을 가까이서 느낄 수 있었다. 이 작은 기적을 사람들은 좀 더 합리적으로 설명하겠지만, 나에게는 '하나님의 부르심'이었고, 존재의 징표였다.

스톡홀름의 클로나룬드 유원지에서 열리는 콘서트에서 노래를 해 보지 않겠느냐고 레나 에릭슨이 제안했을 때, 좋은 기회라고 생각했다. 꿈은 아니겠지? 나는 듀크 에린튼의 멋진 노래 「heaven」을 부르기로 했다.

따뜻한 봄날의 오후였다. 주위는 이미 어둑어둑했지만, 클로나룬드 유원지의 크고 작은 라이트와 스폿트 라이트가 비취고 있었다. 수많은 사람들... 하지만 나는 조금도 긴장하지 않았다. 노래를 끝마치고 무대에서 내려왔을 때. 사회자인 맥누스 하렌스탐이 나를 불렀고, 무대로 다시 올라갔다. 무대에는 봇세 파네위그(저명한 풍자가, 코미디언)가 서 있었다.

「연극 배우들의 모임」이라는 예능인 협회가 나를 봇세 파네위그 기념 장학금의 장학생으로 선발한 것이다. 격려의 꽃다발과 1만 크로내 수표를 받았다. 물론 레나 에릭슨은 장학금에 대해 알고 있었다. 그녀의 제안은 장학금을 비밀로 하기 위한 구실이었다. 나는 상상도 못했다. 놀라움과 동시에 큰 격려가 되었다.

신문도 이 장학생에게 주목했다. 애프든브라덴트 석간지는 스톡홀름에서의 내 생활, 수영, 올림픽을 위한 훈련에 대하여 기사를 썼고, 발로 핸들을 조작하는 큰 사진과 함께 신문에 실었다.

이것이 스웨덴 국영방송 우메오 지국의 헨리 필맨과 스웬 에릭 후릭 2명의 주목을 끌었다. 둘은 마침 그때, 다큐멘터리 기획을 세우고 있었는데 내 기사를 읽고 전화를 걸었다. 스톡홀름에서의 생활에 대해 취재하고 싶다고. 재미있을 것 같아 나는 곧바로 허락했다.

이때 이미, 기숙사에서 아파트로 옮긴 상태였다. 스톡홀름으로 이사했을 때부터 아파트를 확보하기 위해 시청의 주택 알선 서비스 신청을 해두었다. 신체 장애자에게 우선권이 주어졌다. 스톡홀름에 주민등록이 없으면 우선권이 주어지지 않는다고 했지만 첫 학기를 마치기 전 크리스마스를 눈앞에 둔 어느 날, 아파트가 구해졌다. 군큐홀맨 지구에 있

대학시절, 아름다운 스톡홀름 항구에서

는 오래된 건물을 개조한 부엌이 달린 원룸 반의 아파트로, 근처에 식료품점과 지하철역이 있고, 기차역도 걸어서 금방이었다.

하나님이 주신 선물이었는지 내게는 너무 완벽한 장소였다.

신체 장애자용으로 개조된 아파트는 아니었지만, 나에게는 안성마춤이었다. 다른 기능성 장애를 안고 있는 이들은 각각의 장애에 맞는 아파트가 필요한데, 나는 오히려 보통 아파트가 좋았다. 부엌에는 음식을 만들거나 설거지를 하기 위해 싱크대 보다 높은 바퀴 달린 의자가 필요했지만...

뛸맨과 후릭을 처음 만난 곳도 이 아파트였다. 손수 만든 스폰지 케익을 대접했다. 나중에 알게되었는데, 그들은 이 케익에 감동을 받았다고 한다. 우리는 서로 잘 통했다.

몇 주 동안, 그들은 내가 가는 곳은 어디든지 따라다녔고, 여기저기를 카메라로 찍었다. 제일 어려웠던 것은 내 자신의 이야기와 신체 장애자로서의 인생에 대해 말하는 것이었다. 지금은 공적인 장소에서 이야기하는 데 익숙하지만 당시는 말하고 싶은 것을 제대로 표현하지 못했다.

그럼에도 불구하고, 좋은 프로그램이 만들어졌다.

다큐멘터리 방송「목표를 향해」는 내 마음에 흡족한 작품이었고, 1988년 가을밤에 TV에서 방영된 이후에 시청자 반

응도 커서 편지와 전화를 많이 받았다. 지금도 거리에서 모르는 사람한테 이 방송으로 인해 눈인사를 받을 정도니...

이 다큐멘터리 방송은 스웨덴을 대표하여, 이듬해 네델란드에서 열릴 예정인「그리스도워렌」이라 불리는 기독교 텔레비전 페스티발 참가작품에 뽑혔다. 페스티발에서는 심사위원 뿐만 아니라 관객의 마음을 사로잡아 최우수상으로 선정되었다. 심사평은 아래와 같다.

"이 작품은 자립해 나가는 젊은 여성 신체 장애자의 생명력과 유머로 가득 찬 초상화이다. 제작자는 이 멋진 여성과 어깨를 나란히 하여 그녀를 낮게 보거나 포장하지 않고, 감정에 치우치지도 않았다. 신체 장애와 그 주위 사람들에게 희망이 넘치는 메시지를 전하고, 주인공이 매일의 삶 속에서 부딪히는 신체적·심리적·사회적·경제적인 문제를 그려내고 있다. 희망과 신앙에 관한 이 다큐멘터리 방송은 보다 넓게 이 사회에 소개할 가치가 있다."

그리고 많은 나라들이 이 필름의 방영권을 얻기 원했다. 이렇게 해서 생각지도 못했던 레나 마리아가, 세계로 뻗어 나갔다. 마치 멈출 줄 모르는 눈사람처럼.

목표를 향해, 하지만 무엇을 위해?

목표를 향해는 상상을 초월하는 큰 충격을 내 인생에 가져다주었다. 엄마는 내가 태어났을 때부터 20살 무렵에 뭔가 특별한 일이 일어날 것 같은 예감이 들었단다. 바로 이 TV방송이 아니었을까. 이 방송은 내 인생의 여러 사건들을 만나게 해주었다.

시청자들의 반응은 다양했다. 많은 분들이 "존경한다"는 편지를 보내주었다. 그래도 제일 기뻤던 것은 "위로와 용기를 얻었다"는 편지를 받은 일이다.

이렇게 주목을 받으니 콘서트 의뢰도 자연히 늘어났다. 노래를 통해 예수님을 증거하고 싶었기 때문에 콘서트 횟수가 늘어나는 것은 즐거웠다.

이번 봄 학기는 공연이 많아 내 피아니스트였던 한스 인게가 반주를 못하는 일도 있었다. 그럴 때는 고등학교 친구인 사라 휄트가 대신해 주었는데 그러던 중 반주를 전담해 주는 분이 나타났다. 내가 스톡홀름 청년 합창단 지휘를 맡았을 때 알게된 언더스 위크라는 피아니스트로, 보스톤 음악원에서 5년간 학업을 마치고 미국에서 막 귀국한 분이었다. 음악적 취향은 달랐지만 하나님을 찬양하는 마음을 나눌 수 있는 분이었다.

실비아 왕비를 만났다!

왕비는 1989년 봄, 미국에서 열리는 신체 장애자 엑스포에 참가할 계획이었는데, 왕비가 직접 서문을 장식한 장애인 스포츠에 대한 책을 소개하는 일이 이번 방문 목적의 하나였다.

미국 방문 전에 왕실 공보 담당관이 필맨과 후릭이 제작한 다큐멘터리 방송 「목표를 향해」를 보고, 신체 장애자 엑스포에서 소개하면 좋겠다고 생각했다. 나는 장애가 있는 스포츠맨의 좋은 예였다. 서둘러 이 목적에 맞는 다큐멘터리 축약판을 만들었다.

미국 방문에서 돌아온 왕비는 나를 궁전으로 초대했다. 혼자는 아니었지만 개인적으로 만난다는 것 자체가 영광이었다. 필름 프로듀서였던 필맨과 후릭, 왕비와 동행하여 미국을 방문한 야드 엥스토롬, 그리고 비서가 함께 했다.

왕비와 만나는 시간은 30분이었다. 사진 촬영을 하고 작별 인사를 나눈 뒤, 왕비는 조금 늦게 다음 회견장소로 가셨다.

왕실정원으로 나가보니 밖은 비가 왔는지 돌계단이 젖어 있었다. 주차시켜 놓은 차를 향해 몇 발자국 가기도 전에 나는 넘어지고 말았다. 넘어지는데는 선수였지만 별로 문제된 적이 없었는데 이번에는 달랐다. 일어나려고 하자 어지러웠다. 야드 엥스토롬은 걱정하며 즉시 구급차를 부르려고 했는데 나는 그럴 필요까지 없다고 우겼다. 그러나 내 판단은 어리석었다. 일어설 수도 없었고 왼발 통증은 점점 더 심해졌다.

넘어졌을 때 의족이 빠지면서 발을 삐었는지 통증이 심했다. 구급차가 와서 급히 병원으로 실려갔다. 발은 많이 아팠지만 스톡홀름 마을을 구급차로 질주하는 것은 스릴 있는 강렬한 체험이었다.

병원에서 오랜 시간을 혼자 기다려야 했지만 걱정은 안했다. 혼자 조용히 찬양을 부르면서 하나님께 도와달라고 기도했다. 주말에 콘서트가 있어 다급한 마음에 "하나님, 공연할 수 있게 해주세요"라고 떼를 썼다.

3시간 뒤에 의사가 왔고 X-레이 촬영을 했다. 사진에는 왼발에 3군데 금이 가 있었다. 안 아플 리가 없지. 의사는 진통제를 주었고 친구가 집까지 태워다주었다. 집에 오자마자 진통제를 한 알 먹고, 곧바로 잠자리에 들었다.

다음날 아침 일어나자, 놀랍게도 심한 통증은 사라지고 없었다. 발을 움직이려고 하자 여전히 아프기는 했지만 욱신거리는 아픔은 없었다.

"하나님, 좋아요 좋아! 지금 이대로만!"

왼발이 낫기까지는 시간이 꽤 걸릴 것 같았고, 그 사이 한쪽 발로 뛰면서 생활하기는 어려웠기 때문에 보조기구센터에서 휠체어를 빌렸다.

집에서 더 좋은 일이 나를 기다리고 있었다. 아파트 문 앞에 왕비님이 보낸 노란색 튜울립꽃 20송이가 "쾌유를 빕니다"라고 쓰인 카드와 함께 놓여있었다. 실비아 왕비로부터 꽃을 받아본 사람은 나 밖에 없을 지도…

목요일에 노래 레슨을 받기 위해 레나 에릭슨 집을 방문했다. 선생님 아파트는 엘리베이터가 없는 건물 4층이었다. 계단을 한쪽 발로 뛰어 올라가면 나중에 노래 부를 힘이 없을 것 같아 고민에 빠졌다. 살짝 걸어볼까? 의족을 끼우고 천천히 걸어보았다. 안 아팠다. 레슨도 무사히 받았다. 그렇다면 콘서트도…

예상대로 콘서트는 대성공이었다!

몇 주일 지난 후, 야드 엥스토롬에게 전화가 걸려왔다. 음악에 전념할 수 있게 실비아 왕비가 국왕과 왕비의 결혼기념재단장학금을 내게 수여한다는 소식이었다. 1만 크로내의 장학금을 받아 그것으로 미국에서 열리는 가스펠 회의에 참석하여 흑인 가스펠을 배울 수 있었다.

여러 명의 지휘자가 지휘하는 2500명의 거대한 합창단의 일원으로 노래한다는 것은 멋진 체험이다. 그 중 5명만이 백인이었다. 체격 좋은 흑인 여성들에 둘러싸여 노래 소리가 하늘을 찌르는 듯 했다. 나는 여기서 가스펠의 진수가 무엇인지를 배웠다!

귀국하고 나서는 대학 공부와 노래연습에 몰두했고, 언더스와 함께 각지에서 콘서트를 열었다. 쉴 틈 없는 바쁜 나날이었다.

1991년 봄은 특히 더 그랬다.

일본 굴지의 방송국, TV 아사히가 「목표를 향해」축약판을 「뉴스 스테이션」에서 방영했다. 시청률이 높은 방송이라 일본 시청자들의 반응이 굉장했다. 일본은 스웨덴과 달리 장애가 있는 사람을 곱지 않은 시선으로 보는 게 그 이유였다. 일본 시청자들은 이 방송으로 완전히 다른 신체 장애자의 삶을 본 것이다.

아사모도 가오리라는 여성 연출자가 TV팀과 함께 스웨덴에 와서 나를 취재하게 되었는데, TV팀은 스톡홀름에서 나와 1주일을 함께 보내면서 내 콘서트에 오기도 하고, 아파트에서 촬영을 하기도 했다. 이 방송은 일본에서 금요일 저녁 방영되었다. 그 다음 금요일에는 생방송으로 인터뷰를 하고 노래를 부르기 위해, 「뉴스 스테이션」 스튜디오에 가 있었다. 즐거운 경험이었고 하나님께서 내 장래를 보장해 주실거라는 강한 느낌을 받았다. 대학 졸업 후에도, 노래를 계속할 수 있었으면...

1991년 여름, 대학을 졸업하고, 몇 년간은 노래만 하기로 결심했다. 감사했다. 노래 부르는 게 너무 좋았으니까... 그 해 가을, 나는 다시 한 번 미국을 방문할 기회를 얻었다. 피아니스트 언더스와 나는 2달에 걸쳐 미국 교회에서 노래하도록 초대를 받았다. 우리들은 LA에 있는 크리스탈 교회의 TV중계 예배에도 참석했다.

공연은 힘들었다. 54일간 30개 콘서트 회장에서 무려 56회 무대에 섰다.

스웨덴으로 돌아왔을 때는 몸이 말이 아니었다. 크리스마스 휴가는 부모님 집에서 보냈는데 거의 매일 잠만 잤다. 몸은 그럭저럭 괜찮아졌지만, 정신적으로 힘이 들었다. 의욕이 없었다. 아무 것도 하고 싶지 않았다. 누구와도 만나고 싶지 않았다. 기도할 힘도 없었다. 단지 푹 자고 싶었다.

미국 공연 때 영어 성경을 한 권 샀다. 내용은 일반 성경처럼 복음서, 사도행전, 서신서로 나눠져 있었지만 날짜가 들어 있어 매일 읽으면 1년만에 다 읽을 수 있게 되어있었다. 이 성경책을 읽기 시작했다. 새로운 것은 아무 것도 없었다.

하지만 며칠 쉬고 난 이후에, 기쁨과 의욕이 회복되는 것을 느꼈다. 특히 영어 성경을 읽을 때는 기분이 상쾌했다.

점차 기분은 나아졌지만 이걸 계기로 확실하게 내 자신을 점검하게 되었다. 그때까지 내 인생은 "만약"이라는 단어에 이끌려왔다. 수영 연습이 힘들면 "만약, 좀 더 노래에 집중할 수 있다면 기분이 좋아질텐데", 대학에서 음악공부를 할 때는 "만약, 대학을 졸업해 노래에 전념할 수 있다면 더 즐거울거야"라고 생각했다.

하지만 전문적인 가수가 된 지금, 또 다시 벽에 머리를 찍고 있다. 나는 내 행동의 동기와 하나님의 부르심에 대해 생각해보았다.

부모님은 언제나 뜻한 대로 행하고 진정 옳다고 여겨지는 일을 하라고 격려하셨다. 하나님의 부르심에 따르는 것이 내 희망이었다. 순종하면 최선의 것을 누릴 수 있다고 확신하고 있었다.

하지만 내가 정말로 하나님 음성을 듣고 행동하고 있는 것일까?

모두가 내 노래를 듣고 싶어하니까 그냥 노래를 부르고 있는 것은 아닐까? 콘서트를 여는 것이 더 이상 즐겁지 않았다. 하고 싶은 일, 해야하는 일은, 하나님 음성에 먼저 귀 기울이는 일이었다.

노래를 곧바로 그만두지는 못했다. 1992년 봄에, 일본 장기 공연 계획이 잡혀 있었기 때문이다. 하지만 앞으로 내가 무엇을 하고 싶은지 진지하게 생각해보기 위해 휴식이 필요했다. 그래서 성경학교(성경과 기독교 역사를 배우는 젊은이용 훈련과정)에 참가하게 되었다.

인도에 간 것은 이 성경학교를 수료한 후 전도여행을 간 것이다.

인도에서 배운 것

이마가 가려워 눈을 떴다. 또 모기한테 물렸다. 어둡고 오한이 나고 지쳐 있었지만 다시 잠들기는 힘들 것 같았다. 방에서 자고 있는 두 자매의 숨소리를 제외하면 실내는 조용했다.

모기가 와서 내가 상념에 잠겨있는 동안 어디론가 날아가 버렸다.

인도가 어떤 곳인지 미리 알았더라면...

모든 것이 새롭다. 지저분하다. 며칠 전, 향수를 뿌렸더니 악취가 금새 사라져버렸다. 지금은 이 냄새에도 적응을 했지만 비행기가 착륙하여 밖으로 나왔을 때는, 말할 수 없는 악취가 코를 찔렀다.

나는 아침 일찍부터 침대에 누워있다. 오늘은 1월 1일, 새해 첫 날이다. 집에서 6천 5백km나 떨어진 장소, 그것도 이불 속에서 신년을 맞이하다니! 덤으로 축농증까지 걸려 입안이 깔깔하다. 게다가 몸 전체가 가렵다. 모기 때문만은 아니다. 볼과 턱에 이제까지 본적도 없는 이상한 습진이 생겨 누가 봐도 민망하다. 설사 때문에 화장실로 뛰어들어간 때를 빼면, 오늘까지 3일간 나는 이 침대에서 꼼짝 않고 누워만 있다.

나는 카루나루에 있다.

암스테르담 국제 성경학교에서 3개월 간 공부한 후, 세계 각국에서 모인 40명의 학생들과 함께, 배운 것을 몸으로 실천하기 위해 전원이 인도에 왔다. 나와 5명의 동료들은 뉴델리로부터 북쪽으로 얼마간 버스 여행을 한 다음 카루나루에 도착했다. 이곳에 사시는 랄목사님과 함께... 우리들은 목사님 가족과 자그마한 집에서 함께 살며, 목사님의 차고를 개조한 교회에서 예배 드리는 일을 도왔다.

나와 2명의 여성이 한방을 썼다. 방은 비좁았고, 3개의 침대로 가득했다. 어디든지 좁았다. 이 집안에서는 몸의 방향을 바꿀 때마다 누군가와 부딪친다. 외국인이 와 있다는 것을 듣고, 우리들에게 인사하러 오는 마을 사람들도 많았다. 스톡홀름에서는 혼자 80평방미터 아파트에 살면서 내 시간을 마음대로 누릴 수 있었던 나에게, 이 생활은 말처럼 쉽지 않았다.

마을을 보고 싶었지만, 여성이 혼자 다니는 것은 특히 위험하다고 해서 나갈 수 없었다. 우체국이나 은행에 갈 때도 반드시 누군가와 함께 가야했고, 반나절이 걸리는 경우도 있었다. 이 때문에 미리 상세한 계획을 세워야만 했고, 고집이 센 6인의 젊은 유럽 여성들은 자신을 내세우지 않고 서로를 존중하며 의견을 통일하는 방법을 배워나갔다.

인도에서 여성의 지위는 지금까지의 내 상식을 훨씬 초월한다. 유럽과 인도는 여성에 대한 사람들의 시각이 대조적이어서 유럽사람인 우리들은 동작 하나 하나에도 신경을 쓴다. 예를 들면, 남성의 눈을 직시하는 일은 엉뚱한 결과를 낳기 때문에 결코 남성의 눈을 봐서는 안 된다.

제일 힘든 건 장애인이라는 내 상황이다. 인생에서 처음으로 나에게 장애가 있다고 느꼈다. 집에서는 내 힘으로 뭐든지 했고, 팔이 없다는 것이 그다지 큰 장애라고 느낀 적이 없었다.

하지만 인도에서는 내가 못하는 일이 너무 많았다. 항상 도움이 필요했다. 이렇게 여러 번 다른 사람에게 도움을 청한 건 태어나서 처음이었다. 싫지만 도움을 받아야만 했다. 식사나 설거지를 돕지 못하는 것도 괴로왔다. 혼자서는 샤워도 할 수 없고, 화장실에 가는 것도 마음 고생을 단단히 해야만 했다.

그래도 하나님이 함께 하신다는 것을 느낄 수 있었다.

예를 들면 우리 팀은 어디에 가든지 "양변기"의 은혜를 누릴 수 있었다. 그것은 나에게 고마운 일이었다. 하지만 수세식 화장실이라고 해서 언제나 물이 나오는 것이 아니었다. 철제 양동이에 물을 퍼담아 화장실에 쏟기란, 내게는 너무나 중노동이었다. 그때는 어쩔 도리 없이 도움을 청해야만 했다.

한번은 배탈이 났는데, 몇 번씩이나 화장실을 들락날락한 후, 다시 화장실에 갔을 때는 도저히 부탁할 수 없었다. 화장실에서 풍기는 냄새를 참으면서 도움을 청하지 않고 해결할 방법을 생각했다. 그 때, 선교사님들이 해 주셨던 이야기가 생각났다. 궁지에 몰렸을 때 어떻게 기도했는지, 그리고 그 기도응답으로 기적같이 일어난 이야기.

지금이야말로 최대의 위기다.

나는 크고 또렷한 목소리로 외쳤다. "예수의 이름으로 명하노니 물이여, 나와라!"

손잡이를 잡아당기자, 지금까지 한 방울도 안나왔던 물이 양변기에 쏴아-하고 쏟아져 내리는 것이 아닌가! 나는 내 눈을 의심했다!

모두들 너무 좋아했다. 화장실에 갈 때마다 이 기도를 한다. 항상 물이 나온 것은 아니지만 나오면 감사했다. 내가 인도에서 버틸 수 있었던 것은 이러한 에피소드 덕분이었다.

이런 일도 있었다.

국제적인 행사 관계로 일본에 가기 위해, 인도에 도착하자마자 나는 1주일 동안 동료들과 떨어졌다. 비행기로 봄베이에 돌아왔는데, 봄베이 마을 분위기가 이상했다. 비행기 도착이 한밤중이었음에도 불구하고, 공항은 사람들로 가득 차 있었다.

짐을 옮겨주던 인도인에게 무슨 일이 일어났는지 물어보았으나 그는 이해하지 못했다. 누구도 공항을 떠날 수 없는 것만 같다. 택시도 버스도 모든 교통수단이 멈춰있다. 한 조종사가 출국하는 곳으로 데리고 갔다. 경비원이 출국장에 있던 사람들을 쫓아냈지만 나는 거기 있었다.

새벽 5시경, 경비원에게 택시를 탈 수 있는지 물었다.

경비원은 "위험, 위험!"이라고 말할 뿐이다.

조금 있다가 한번 더 묻자, "아직 위험!" 단호한 어조다.

주위가 환해질 무렵 경비원이 나에게 따라오라고 손짓했

다. 아직 위험하지만 밖으로 나가기는 지금이 좋다고. 나는 택시가 기다리고 있는 뒷문으로 나갔고, 택시운전사는 2배의 요금을 그것도 반은 선불로 달라고 했지만, 공항에서 벗어나고 싶었던 나는 선뜻 요금을 지불했고 택시는 쏜살같이 마을을 향해 달리기 시작했다.

어디든 인기척이 없고 한산하다. 2주일 전에 거지들로 가득 찼던 거리에는 사람 그림자도 안 보인다. 마을로 가까이 가면 갈수록 운전사는 주위 깊게 운전하였고, 어느 교차로든 일단 멈춰서 좌우를 살핀 다음 서둘러 다음 구역으로 달렸다.

밖에 왜 사람이 없는 걸까? 왜 위험하다고 했을까? 왜 아직도 목적지에 도착하지 않는 걸까? 시간이 흐를수록 무서워졌고 열심히 하나님께 기도했다.

마침내 동료들이 묵고 있던 유스호스텔에 도착하여, 덜덜 떨면서 택시에서 내려 안으로 들어갔다. 그때야 비로소 봄베이에 4일간 외출 금지령이 내려진 사실을 알았다. 이슬람교도들과 힌두교 신자들의 분쟁이 원인이었다. 정말 위험했다. 하나님이 지켜주셨음을 감사할 따름이었다.

인도에서의 생활은 다른 것과 비교가 안될 정도로 힘들었지만, 인간관계와 가치관에 큰 영향을 미쳤다. 내 신앙은

일본에서의 TV출연이 어떤 의미를 갖는지, 나는 상상할 수 없었다
TV방송 「뉴스 스테이션」에서 통역을 통해 아나운서인 구메 씨와
인터뷰를 하는 모습

깊어졌고 작은 것에 대한 감사의 마음을 배웠다. 음악에 대한 의욕도 회복하였고 이제는 진심으로 노래를 부르고 싶어졌다.

굿바이 - 아주 특별한 나라

일본은 영원히 내 마음의 한 부분을 차지하게 될 것이다. 나에 대한 두개의 프로가 일본에 방영된 이후 처음으로 일본을 방문할 당시에는, 일본TV에 출연하는 일이 어떤 의미를 갖는지 몰랐다. 생방송으로 인터뷰를 하거나 노래 부르는 일이 그저 좋았을 뿐이다.

다큐멘터리에서, 내 신앙과 하나님에 대한 내용이 부적절하다는 이유로 방송 전에 "컷트"당했다. 일본은 TV방송국에서의 기본방침이 방송프로 중에는 출연자의 종교관을 다루지 않기로 되어 있다.

「뉴스스테이션」의 진행자가 항상 밝게 여러 가지 일에 도전할 수 있는 비결을 물어 보았을 때 나는 신앙에 대해 말하지 않을 수가 없었다.

그래서 시청자는 내가 크리스천이라는 것을 알게 되었다.

그러자 곧 여러 교회에서 노래해달라는 의뢰가 왔고, 그 중에 한 분, 일본에 20년 가까이 살며, 코오베에서 목회하고 계신 노르웨이인 아르프 이더랜드 목사님을 만날 수 있었다. 이더랜드 목사님은 나와 언더스를 위해 1992년 5월에 2주일간의 공연 일정을 잡아주셨고, 그때부터 목사님은 우리들의 매니저가 되셨다.

교회마다 콘서트 후원을 하지만 잘 알려져 있지 않은 스웨덴 가수에게 이더랜드 목사님처럼 누구나 열광하지는 않는다. 미시마 시에서 열린 콘서트 때는, 보 델밍 선교사님은 1,200명을 수용할 수 있는 대회의장을 빌리려고 했는데 회의장이 너무 큰 나머지 그 교회성도들이 주저했다. 그래서 델밍 선교사님이 개인적으로 책임을 진다고 약속하고 대회의장을 빌렸다. 놀라웠다. 콘서트에는 수많은 사람들이 몰려왔고 그날 밤 공연은 예정했던 2배의 곡을 소화해내야만 했다.

굉장하다!

늘 콘서트는 매진이었고, 마지막 1장의 입석표마저 동나는 일도 생겼다. 공연장 앞에는 이미 몇 시간 전에 긴 줄이 늘어서고 모르는 사람이 길거리에서 사인을 해 달라고 했다. 언더스와 나는 놀랐지만, 점차 TV의 영향력을 이해하기 시작

1992년부터 매년 열리는 일본 콘서트에는 많은 사람들이 온다

했다.

일본 사람들은 내 노래를 좋아하지만 콘서트에 오는 것은 그것 때문만은 아니었다.

일본인들은 TV를 통해 자신들이 갖고있던 이미지와는 전혀 다른 장애인을 본 것이다. TV칼럼니스트의 글이 그 좋은 예다.

"6월 12일 밤, TV 아사히 「뉴스 스테이션」에 스웨덴 가수 지망 음대생, 레나 마리아의 VTR이 방영되었다... 정말이지 인간의 존엄은 그 정신에 있음을 말해주는 영상이었다."

칼럼니스트는 몇 가지 예를 들고 있다.

"하와이 비행장에서 한 여성에게 상점을 물어보았다. 그녀는 사리도마이드 장애를 갖고 있었는데, 작은 손으로 '이쪽입니다' 하고 가리켰다. 또 다른 가게에는 청각 장애인 청년이 있는데, '귀가 안 들리니 카운터에 돈을 놔주세요' 라는 문구가 옆에 있었다. 장애를 있는 그대로 받아들이고 그들 나름대로 열심히 일한다. 우리들 모두 장·단점이 있어서 그들과 똑같은데도, 외국의 이런 모습에 감동을 받는 것은 나를 포함한 일본인의 의식수준이 아직은 낮음을 말해준다." (요미우리신문 발췌·인용)

나는 일본인 모두의 의식수준이 낮다고는 생각지 않는다. 하지만 일본에서는 장애아가 태어나면 "수치"라고 생각한다. 창피해서 부모 중에는 아이를 숨기거나 보호시설에 보내는 사람도 있다. 때때로 장애인 형제가 있으면, 있던 혼담도 깨진다고 한다. 일반 학교에 다니는 장애인은 많지 않다. 특수학교에서 빵을 굽거나, 재봉틀을 돌리거나, 물건을 만드는 아이들이 있다.

장애인이 대학교육을 받고, 나처럼 자립하여 생활하는 것이 일본인들에게 놀라운 일인지도 모른다. 스웨덴에서도 그럴 때가 있었다. 하지만 지금은 장애아들은 가족과 함께 생활한다. 가족과 함께 살지 못하는 경우에는, 가족적인 분위기의 시설에서 생활한다.

일본인들은 어릴 때부터 인생에서 성공해야된다는 교육을 받는다. 어려서는 학교에서의 경쟁에 견디는 법을 배우고, 사회에 나가 취직하면 성공을 향해 앞만 보고 달려야한다. 이것은 국가로서의 일본도 같다. 성공의 열쇠를 찾기 위해 일하고, 보다 효율적으로 성공하기 위해 전세계를 돌아다니며 정보와 아이디어를 얻는다. 그리고 대부분 그것에 성공하여 일본상품은 세계 제일이다.

일본 사람들이 나에게 관심을 갖는 이유가 여기에 있다.

레코드 점에서 열린 사인회

일본인들에게 나는 성공한 사람이다. 그리고 중증의 장애인이라고는 믿어지지 않는 생활을 한다. 일본 사람들은 내 성공의 비결을 알고 싶어한다. 저널리스트의 인터뷰나 길에서 사람들을 만날 때면, 늘 그 이유를 묻는다.

내가 이미 일본 사람들의 주목의 대상이 되었다는 것은 공연이 아닌 다른 일을 통해서도 알았다. 일본 레코드 회사, 라이프 기획팀이 일찍부터 내게 관심을 보였고, 예전에 언더스와 내가 낸 영어판 CD를 일본어판으로 내기도 했다. 그후 이 레코드 회사는 녹음을 새로 하여 CD를 내자고 제의해 왔다.

언더스와 내가 처음 CD를 냈을 때는 예산이 없었는데 일본에서의 녹음은 대대적이었다. 약 60명의 뮤지션들이 참가해 현악기, 관악기, 타악기, 기타, 베이스, 수제가야금까지 다양한 악기와 음향효과가 곁들여졌다. 이를 위해 언더스와 나는 헐리웃까지 가서, 기타리스트인 라리 칼튼과 드럼연주자인 알렉스 아쿠나와 함께 몇 곡을 녹음했다. 내 레코드 「MY LIFE」에는 자작곡도 있고, 언더스와의 합작품도 들어 있다.

그후 「MY LIFE」는 책으로도 나왔다. 일본작가가 스웨덴을 방문하여, 통역의 도움을 받아 1주일간 나를 취재하여 쓴 글이다. 이것이 끝이 아니었다. 2권의 책이 더 출판되었다. 1권은 장애에 대한 내 부모님의 견해에 관한 것이었고, 다른 1권은 아동용이었다. 일본 아이들은 여름방학 숙제로 독서 감상문을 쓰기 위해 한권씩 책을 읽는다. 많은 학교가 내 책을 작문교재로 선택했다. 이것 외에도 영어 수업에 사용하기 위한 영어판 팜플렛도 출판되었다.

나와 가족들의 멋있는 칼라사진이 듬뿍 들어있고, 전혀 이해할 수 없는 문자로 쓰여진 이 책을 꺼내 보고 있으면, 늘 꿈을 꾸는 것만 같다.

공연은 장기 공연도 있고, 단기 공연도 가졌다. 언더스와 둘인 경우도 있고, 셋이서 공연한 적도 있다. 최근에는 교향악단과 함께 공연을 가졌다. 큰 이벤트가 많았고, 많은 사람들이 협력해서 일을 추진시켜나갔다.

1995년에 열린 공연 중 한번은, 언더스 윅 째즈 트리오와 함께 노래를 부르는데, 음향, 조명, 무대장치를 위해 40명이 동원됐다. 이때 일본에 와 있던「목표를 향해」프로듀서인 필맨과 후릭은 마치 스웨덴 뮤직이벤트「Rock Train」같이 대규모 행사라며 감탄을 했다.

하지만 이 공연 중에 슬픈 소식이 들려왔다. 우리들의 매니저였던 아르프 이더랜드 목사님이 암이라는 소식이었다. 매니저 일을 계속할 수 없었던 목사님은 다른 사람에게 일을 맡기고, 가끔 우리들을 만나러 오셨는데, 당시의 이더랜드 목사님은 건강해 보여 곧 나으실 줄 알았다.

하지만 암세포가 급속도로 그의 몸에 침투하여 우리들의 공연이 최고조에 달했을 때 그는 자택에서 숨을 거두셨다. 무대 뒤로 슬픈 소식이 들려왔다. 우리들은 장례식에 참석하기 위해 콘서트를 2일 동안 취소했다. 친구로서, 매니저로서, 아르프를 잃은 것은 너무 마음이 아팠다.

앞으로의 공연은 어떻게 되는 걸까? 친구인 스기다니씨에게 물어보자 문제없다고 했다. 스기다니씨는 가끔씩 이더랜드 목사님 일을 대신 해주셨기 때문에 우리 사정을 잘 알고 계셨다.

나에 대한 사람들의 관심은 줄어들지 않는다. 주목받는 일은 즐겁지만 동시에 스트레스이기도하다. 항상 주위 시선을 받고 있어 무엇을 할지, 어떻게 할 지를 신중하게 판단해야 한다. 때로는 온종일 사람들 앞에 노출되어 있는 느낌이 든다. 뿐만 아니라 마음을 터놓고 교제하는 일도 어렵다. 때때로 '동방의 작은 이 나라에서 산다면' 하는 생각도 해보았지만, 긴 안목으로 볼 때 적응하기 힘들지 않을까...

하지만 일본은 내 마음속에서 특별한 위치를 차지한다. 나로 인해 장애인에 대한 생각이 바뀌고 기독교 신앙을 갖게 되기를 소망해본다. 나는 여기서 여러 가지를 배우고, 멋있는 사람들을 만나고, 다양한 경험을 쌓을 수 있었다.

일본사람과 함께 했던 제일 재미있고 색다른 체험은 스웨덴에서 산타클로스와 함께 일본TV에 출연한 일이다.

코오베 대지진이 있은 직후, TV 아사히에서 크리스마스에 방영할 특별 방송에 출연해 달라는 의뢰가 왔다. 일본 공연 중에 한신 대지진이 일어났을 당시, 제일 피해가 심했던 지역을 TV팀과 함께 방문했는데 임시로 종이상자를 기둥으로 사용해 천막으로 지은 교회가 있었다. 거기서 인터뷰를 하고, 아이들과 함께 노래를 부르는 내 모습을 비디오카메라로 찍었다.

코오베의 아이들은 스웨덴과 교류를 갖고 있었다. 지진이 난 그 해, 교류를 맺은 학교에서 그림을 그려 코오베의 아이들에게 보냈다. 아이들의 그림을 전달하기 위해 산타클로스의 나라로 알려져 있는 팀버랜드의 소장님과 미스 스웨덴이 코오베를 방문할 예정이었다.

나는 12월 22일에 첨단기술을 사용한 이 특별 생방송에 출연하기 위해 팀버랜드에 갔다. 내가 일본 아이들을 향해

지금은 젓가락도 자유자재로

팀버랜드 이야기를 하면, 일본 방송국 스튜디오에 있는 여성이 동시통역 한다. 그리고 내 코오베 방문 르포가 나오고, 그 뒤에 스웨덴 아이들의 그림 증정식이 있었다. 그 다음이 절정이다. 내가 다라나 숲 속, 새하얀 눈길에서 "고요한 밤 거룩한 밤"을 부르면, 코오베에 있는 피아니스트가 위성중계를 통해 일본에 도달하는 내 목소리에 반주를 하는 것이다.

통신기술이 발전했다고 해도 아시아와 유럽사이에 소리가 전달되기 위해서는 조금 시간이 걸리기 때문에, 피아니스트 반주를 나는 듣지 못하지만, 코오베의 스튜디오에 있는 피아니스트는 내 노래에 맞춰 반주를 한 것이다. 둘이서 맞춰 볼 시간이 없었기 때문에 나는 조금 신경이 쓰였지만 생방송이었기 때문에 그냥 최선을 다했다.

이런 경험은 난생 처음이었다.

둘은 그저 친구일 뿐

나 같은 장애인도 사랑을 할 수 있을까? 만일 결혼한다면, 장애인을 배우자로 선택해야 하나? 건강한 남성이 내게 흥미를 가질까? 많은 장애우가 이런 생각들을 한다.

실제로 나에게 결혼해서 가정을 이루고 싶냐고 묻는 이가 있다. 난 결혼과 가정에 대해 그다지 깊게 생각해 본적이 없다. 나는 이것도 하나님이 하신다고 믿었다. 내 인생은 모두 하나님이 이끄시기 때문이다.

물론 나도 남성에 대한 동경은 품고 있다. 10대나 20대의 젊은 여성 중, 이성에 대한 동경이 없는 사람이 있을까? 누구를 좋아하기도 했고 이 사람이야말로 내 인생의 반려자라고 생각한 적도 있었지만 결실을 맺지는 못했다.

그리고 비온을 만났다.

우리들은 음악대학 가스펠 합창단 마스터즈 보이스에서 만났다. 나는 이 합창단 설립자중 한 명이다. 대학에서 처음 콘서트를 연 후, 합창단에 들어오고 싶다는 사람이 있었다. 음악교사 지망생으로 비올라를 배우고 있던 비욘 클링밸이 테너로 들어오고 싶어했다. 금새 우리는 서로 공통점이 많다는 것을 깨달았다.

둘이 만나 점심을 먹거나 이야기를 나누었다. 비욘은 친형제 같았다. 비욘의 사랑 고민까지도 상담을 해줄 정도였으니...

우리는 그저 친구일 뿐이었다. 비욘은 여성의 외모를 대단히 중요시했고, 나는 내 신앙을 공감할 수 있는 인생의 동반자를 원했다. 우선 서로 좋아하는 상태도 아니었다.

비욘은 크리스천이 아니었지만 우리들은 하나님에 대해 많은 이야기를 나누었다. 그도 가스펠 합창단에 있었기 때문에 당연하게 생각했다. 하지만 얼마 후에 비욘은 합창단을 그만두었다. 모두가 신앙과 예수님에 대한 얘기를 하고, 자신의 믿음이 확실치도 않은데 하나님을 찬양하는 노래를

가스펠 합창단, 마스터즈 보이스의 녹음 풍경

부르는 것이 부담이 되었기 때문이다.

그를 위해 기도했지만 점차 만나는 횟수가 줄어들었다. 한때 내가 미국 공연을 다닐 때는 서로 연락조차 하지 않았는데 그래도 가끔 비욘을 위해 기도했다. 스웨덴으로 돌아와 마스터즈 보이스 합창단 연습을 갔더니 놀랍게도 비욘이 거기 있었다. 어느 날 아침, 눈을 떠보니 "하나님은 틀림없이 계시다, 예수님 이야기도 사실이다" 이것이 믿어졌다고 한다. 이제는 거짓이 아닌 온전한 마음으로 가스펠을 노래할 수 있을 것 같아 합창단에 복귀한 것이다.

그 해 봄은 서로를 알아가는 시간이었다. 둘이서 오토바이를 탔고, 음악을 듣거나 이야기를 하고, 콘서트에 가기도 하면서 함께 시간을 보냈다. 여름에는 오토바이를 타고 여행을 갔다.

우리는 여전히 친구였다. 비욘과 함께 산다는 것은 상상도 할 수 없었다. 다른 사람이 우리에게 애인이냐고 물으면 웃는다. 최고의 친구를 얻은 것으로 나는 만족한다. 몇 달이 지나자 마음속에서 한 가지 물음표가 떠오르기 시작했다. 비욘과 함께 살면 어떨까?

안돼 안돼, 절대 안돼! 분명히 서로 안 맞을 거야.

이 의문은 몇 번씩 머리를 스쳐갔지만, 답은 매번 정해져

비욘과 오토바이를 타고 휴가를 보냄

있었다. 물론 그가 신앙을 가지게 된 것은 좋았지만, 비욘은 내가 원하는 타입의 남성이 아니었고, 서로 안 맞을 거라는 근거도 있었다. 예를 들면 그는 내가 일일이 말을 안해도 필요할 때 나를 도와줄 수 있을까, 그렇지 못하다면 같이 살아도 결코 행복하지 않을텐데…

이런저런 생각을 하고 있을 때 이상한 일이 벌어졌다. 비욘의 태도가 변하기 시작한 것이다. 그의 변화는 내가 공연에서 돌아 온 날 밤부터 시작되었다. 저녁식사에 나를 초대했다. 저녁 식사에 초대받은 적은 그때까지 한번도 없었다. 다음날 아침, 비욘은 내 아파트로 와서 아침밥을 지어주었고 설거지까지 해 준 것이다!

아닐 거라고 하나님께 말 할 때마다 비욘은 조건을 만족시켜 나갔다. 동시에 나는 비욘을 한평생 남편으로 사랑할 수 있을지 심각하게 고민하게 되었다. 장래의 일은 하나님 외에는 그 누구도 알 수 없었다. 마침내 비욘이 나에게 청혼한다면, 나는 'Yes'라고 답하리라 마음을 먹었다.

이러한 문제로 장애가 걸림돌이 된다고 생각해 본 적은 없다. 단지 함께 생활한다는 것에 대해서 처음 한 발을 내딛기가 망설여지고 두려울 뿐이었다. 왜냐하면 신체 장애자와 결혼하는 것이 상대에겐 부담이고, 또한 내 경우는 직업도 특수했다.

어찌되었든지 비욘에게 부담을 주고 싶지 않았다. 그래서 그가 먼저 말할 때까지 기다리기로 했다.

그런데 나는 정말로 그를 사랑하게 되었다!

이 문제를 비욘이 거론한 것은 다시 일본으로 공연하러 가기 직전이었다. 지금까지 둘의 관계에 대해 계속 생각해보았다고. 결국 나는 일본에서, 비욘은 스웨덴에서, 이 문제를 다시 한 번 생각해보기로 했다. 그리고 서로가 좀더 앞으로 나아가자는 결론이 나오면 크리스마스에 약혼을 하기로 결정을 내렸다.

나에게 그것은 중요했다. 비욘으로부터 'Yes' 혹은 'No'라는 확실한 대답을 듣고싶었다.

3주간의 일본 공연은 너무나 길었다. 내 마음은 이미 정해져 있었고, 기분에 따라 희망과 절망사이를 하루에도 몇 번씩이나 오갔다. 덕분에 피아니스트인 언더스는, 일본 공연 내내 나의 우는 소리를 들어야만 했다.

비욘도 간단히 답을 낼 수가 없었다. 그는 진정한 친구였지만 나를 여성으로, 아내로서 받아들일 수 있을까? 내 장애를 끌어안을 준비가 되어 있을까?

일본에서의 3주가 지나갔다. 크리스마스까지 앞으로 1주

비욘과 나. 인생 최고의 날

일, 나는 비욘이 기다리고 있을 스톡홀름의 올랜도 공항에 도착했다. "어서 와" 따뜻한 포옹이 기다리고 있었는데 그가 어떤 결론을 냈는지 알기까지 제 정신이 아니었다. 사랑해? 사랑하지 않아! 라고 하며 마가렛 꽃잎을 하나씩 떼는 것과는 차원이 다르다. 공항에서 돌아오는 차안에서 그에게 물어보았다.

야호! 'Yes'였다!

인생의 동반자로, 그는 나를 선택한 것이다. 우리들은 이것이 하나님의 뜻이라고 느꼈다.

크리스마스 이브 이틀 전에, 워드스테너 시 교외의 조그맣고 근사한 레스토랑에서 우리들은 약혼을 했다. 약혼 반지를 교환했을 때 나는 처음으로 키스를 했다.

레스토랑으로 가는 길에서 눈부신 일몰을 보았는데, 마치 하나님께서 우리들에게 미소짓고 계신 것만 같았다.

약혼기간부터가 시작이었다. 이듬해 봄은 결혼준비 때문에 눈 깜짝할 사이에 지나가 버렸다.

둘 다 친한 친구는 많지 않았지만 교제 범위가 넓었기 때문에, 대규모의 결혼식으로 할 지 친척들만 부르는 작은 결혼식으로 할 지 고민했다. 결국 대규모의 결혼식을 하기로 했는데, 결혼식 취재를 위해 몰려들 매스컴 관계자들은 정

중히 거절했다. 내가 아무리 유명하다고 해도 우리들의 결혼식을 TV방송으로 내보내고 싶지는 않았다.

1995년 7월 1일, 스톡홀름의 구스타후 워더 교회에서 8백 명 이상의 하객을 모시고 결혼식을 올렸다. 나는 전부터 만약 결혼한다면 예식을 콘서트로 하고 싶었다. 꿈이 실현되었다. 결혼식이 마스터즈 보이스가 부르는 헨델의 「메시아」로 시작한다는 것은 알고 있었지만, 결혼식의 호스트 역할을 맡아주었던 우리들의 친구 마리아 요한슨이 이후의 1시간 반에 걸친 콘서트를 준비해 준 것은 너무나 고마웠다. 뜻밖의 멋있는 콘서트가 되었다. 마리아의 활약은 대단했다. 이 날은 지금까지 내 삶에서 가장 멋진 날이었다.

결혼식 다음날, 우리들은 오토바이로 유럽을 일주하는 신혼여행을 떠났다. 집에 돌아올 때까지 7000km나 달렸다.

나는 값지고, 가장 친한 친구를 남편으로 맞았다. 그는 따뜻한 마음을 지녔고, 훌륭한 동역자다. 난 행복하다. 비욘을 반려자로 맞이한 것을 자랑스럽게 생각하고 감사한다.

하지만 결혼 후 풍파가 없지는 않았다. 결혼전 환상의 몇 가지는 사라지고 없다. 예를 들면 우리들은 결혼하기 전에 서로에 대해 충분히 알고 있다고 생각했다. 어떤 의미로 우리는 친한 친구였지만 전부를 알고 있는 것은 아니었다. 나에게는 혼자 짊어지고 그 누구하고도 나누지 않았던 부분이 많이 있었고, 결혼한 후에도 문제가 생기면 그것을 안으로 숨겨버리고 둘이서 해결하려고 하지 않았다.

물론 우리도 다른 신혼 부부들처럼 여러 가지 문제들을 해결해야만 했다. 결혼 생활에서는 장애가 있다는 것이 상황을 보다 어렵게 만들기도 한다. '어느 때 도와야되나' 하는 문제부터 때로는 불필요하게 돕지 않는 게 좋을 때도 있고, 서로가 얼마만큼의 배려를 해야할지 모를 때도 있다. 비욘의 손에 내 발을 올려놓는 일이 나에게는 자연스럽지만, 비욘에게는 부자연스러울 수도 있다.

다행스러운 것은 대화를 통해 문제를 해결한다는 사실이다. 우리들은 결코 문제로부터 눈을 돌리지 않고, 전보다 더욱 하나님께 기도하는 것을 배워나갔다.

'내가 태어나기 전에, 당신은 나를 보았다'

당신에게 감사드립니다... 하지만 당신이 평범한 스웨덴사람이었다면, 분명히 재활원에서 휠체어 생활을 하고 있겠지요. 당신에게는 삶의 기쁨이 있습니다. 뭐든지 혼자서 하는 당신을 보면 저도 즐거워집니다. 하지만 어떻게 바지를 입고, 단추를 채웁니까... 도움이 필요하지는 않습니까?

일본이나 스웨덴에서 많은 편지를 받는다. "생활하면서 어떻게 늘 인생을 긍정적으로 살 수 있습니까, 그토록 많은 일을 할 수 있습니까" 등의 질문을 받는다.

어려운 질문이다. 하지만 나는 3가지 이유를 들 수 있다.

첫째, 사람은 각자 다른 조건을 가지고 태어난다. 나는 태어났을 때부터 밝았고, 호기심이 강했다. 나는 어려움보다는 가능성을 생각한다. 무엇이든지 필요 이상으로 어렵게 생각하지 않는다. 내 자신에 대해 능동적인 태도를 취하고, 용기를 내고, 질문하는 것을 두려워하지 않는다.

나는 고집쟁이다. 장애가 나를 좋은 의미로 고집스럽게 만들었다. 만일 내가 정상인이었다면, 이 고집과 적극적인 사고가 오히려 나를 자기만 아는 인간으로 키웠을 것이다. 하지만 장애가 있어 무엇이든지 작은 노력이 모여서 이루어진다는 것을 배웠다.

또 하나의 이유는, 나의 부모님이다. 나와 내 장애에 대한 부모님의 여유로운 태도는 말로 다 할 수 없는 소중한 의미를 준다. 부모님은 나에게 무엇과도 바꿀 수 없는 든든한 존재였고, 성공이나 실패를 두려워하지 않는 용기를 주셨다. 더구나 나를 격려하셨지만 항상 내 장애를 중요시하지는 않았다.

물론 내 신체에 대해 사람들에게 설명해야할 때가 종종 있지만 부모님이 문제 삼았던 것은 장애, 그 자체보다도 내가 놓여있는 상황이었고, 특별히 내 장애에 대해서만 말하는데는 관심이 없었다.

그리고 내가 언제나 인생을 밝게 볼 수 있었던 가장 큰 이유는 하나님이다. 신앙은 내 생활의 가장 중요한 부분이며, 크리스천으로서 내가 어떤 인간이고 어떤 모습을 하고 있든지 하나님 앞에서 가치가 있다는 것을 알고 있다.

나는 가끔 시편 139 편을 생각한다.

> 주께서 내 장부를 지으시며
> 나의 모태에서 나를 조직하셨나이다
> 내가 주께 감사하옴은
> 나를 지으심이
> 신묘막측하심이라
> 주의 행사가 기이함을
> 내 영혼이 잘 아나이다
> 내가 은밀한데서 지음을 받고
> 땅의 깊은 곳에서 기이하게 지음을 받은 때에
> 나의 형체가 주의 앞에 숨기우지 못하였나이다
> 내 형질이 이루기 전에 주의 눈이 보셨으며
> 나를 위하여 정한 날이 하나도 되기 전에
> 주의 책에 다 기록이 되었나이다
>
> (대한성서공회 개역 한글판/신 공동역)

내가 태아였을 때도, 하나님은 곁에 계셨을까? 내가 태어나기 전에 나에 대해 생각하셨을까? 그렇다. 나는 그렇게 생각한다. 하나님에게 있어서 내 모습과 형태는 중요하지 않다. 제일 중요한 것은 '하나님과 나와의 관계'이다.

"내가 너를 사랑하노라" 하나님은 나를 좋아하신다

물론 나도, 이 땅에 왜 이렇게도 많은 고난, 고통, 질병, 장애가 있을까 생각한 적이 있고, 왜 하나님은 이런 일들을 허락하고 계신지 묻고 싶을 때도 있다. 나는 단순하게 답을 할 수 없지만, 아마도 그러한 아픔이 우리들 성품을 만들어 가는데 필요하다고 본다. 빛 가운데서 사물을 뚜렷하게 보기 위해서는, 빛이 비추지 않는 어두움도 때로는 필요하지 않을까.

인간은 어느 누구도 문제 없이 인생을 살 수 없다. 인간으로서의 풍요로움이란 고난을 통해 얻어지는 것이라고 생각한다. 존경하는 사람을 만났을 때 그것을 느낀다. 인생의 고난을 극복한 삶이 그들을 존경하게 만든다.

내가 존경하는 사람은 북해도에 사는 일본 여성 작가, 미우라 아야꼬이다. 어려서부터 병약했고, 몇 번씩이나 생사의 기로에 섰던 여인. 그렇지만 그 고난이 그녀에게 힘을 주었다. 지금은 일본에서도 손꼽히는 작가이며, 크리스천이다. 그녀의 창작 활동은 많은 사람들에게 큰 의미를 준다. 지금까지 70권 이상의 책이 출판되었고, 판매 부수는 3천만

부 이상, 그 중 몇 권은 외국어로도 번역되었다.

당시 그녀는 퍼킨슨병과 암으로 투병생활을 하면서도, 작가 활동을 계속하고 있었다. 일본을 방문 했을 때 미우라 부부를 한 번 만났고, 즐거운 한 때를 보냈다. 그들의 인생에 대한 용기, 기쁨, 따뜻함은 내게 강한 인상을 남겼다. 이러한 사람들과 비교하면, 내가 특별히 어려운 상황에 있다고 생각하지 않는다. 내가 경험한 아픔이나 고통도, 극복할 수 있는 힘을 이미 하나님께서 주셨고, 내게 주어진 성공이나 실패, 기쁨과 고난이 따르는 내 인생이 누군가에게 무언가 의미를 준다면 그것으로 행복하다.

당연히 나도 하나님에게 장애 없는 몸으로 바꿔 달라고 기도한 적이 있다. 어려서는 안 그랬는데, 지금은 가끔 그렇게 기도한다. 몸이 굳어지는 걸 느끼겠고, 무리를 하면 허리에 통증이 쉽게 느껴지기 때문이다. 팔이 있다면 좋겠다. 일하기가 훨씬 쉬워질텐데. 그렇게만 된다면...

하지만 현재의 내 모습 그대로라도 하나님과 함께 한다는 건, 역시 하나의 기적이라 생각한다. 미국 여성, 죠니 일렉슨 타다는 잠수사고 때문에 신체가 마비되어 버렸다. 그러나 그녀는 장애와 신앙에 대해 "하나님이 나를 치료해 주신다면, 분명히 행복할 것이다. 하지만 내가 고난 가운데서도

행복하게 살 수 있다면, 하나님이 얼마나 위대하신가를 보여 줄 수 있다"라고 말했다. 나도 그렇게 생각한다.

여러 가지 상황 속에서 하나님이 나와 함께 하신다. 그리고 기쁨과 열정을 주셨다. 그렇기 때문에 앞으로 어떤 일이 일어날 지 알 수 없지만 나는 희망이 있다. 내가 노래를 부르는 것, 고난이 와도 도와줄 수 있는 남편과 가족과 친구가 있다는 것을 기쁘게 생각한다. 하지만 제일 큰 기쁨은 '하나님께서 함께 하신다' 는 사실이다. 하나님께서는 나를 사랑하시고, 무엇과도 주님의 사랑을 바꿀 수 없다는 것을, 나는 확실히 알고 있다.

하나님께서는 나와 항상 함께 하신다. 그것을 한국의 수도인 서울 여행에서 돌아와 노래로 만들었다. 마지막으로 이 노래를 여러분과 나누고 싶다.

내 마음 어디선가
내 이름을 부르는
당신의 조용한 목소리가 들려옵니다.

다정하게 어루만지는 바람처럼
당신은 그곳에 계시며

나는 당신 안에서
평안을 누립니다.
당신께서 말씀하십니다.
"내가 너를 사랑하노라
너의 친구가 되리라"

진정 사모하는 것은
내가 있는 곳에
당신이 함께 하시는 것.

당신은 나를 살피시며,
내 마음을 어루만지시며
나를 위로하시며
함께 하시는 분.

이해할 수 없는 일도
실패한 일도
당신은 아십니다.
그래도 나를 사랑하십니다.

나는 알고 있습니다.
당신께서
나를 사랑하심을
나를 사랑하심을.

Interview

인_터_뷰

레나 마리아와 비욘의 신혼집 방문
- 비야넬·타미꼬

 이게 웬 행운인가. 레나 마리아는 콘서트로 항상 바쁘기 때문에 도저히 못 만날 거라고 생각했는데 전화를 걸자 금년은 안식년, 즉 쉬고 있어서 시간이 많단다.

 그래서 7월의 어느 날, 레나 마리아와 비욘이 사는 스톡홀름 교외의 아파트를 방문하기로 했다. 가기 전날 확인 전화를 걸었을 때, 레나 마리아는 통통 튀는 밝은 목소리였다.

 - 내일 방문하려고 하는데 인터뷰 시간이 좀 걸리겠네요.
「시간 많으니까. 괜찮아요.」
 - 점심시간이 될텐데, 근처에 레스토랑이 있을까요?
「내가 준비할 테니까 걱정 말아요.」
 - 그러시면 안돼요.
「상관없어요.」
 - 선물은 뭐가 좋을까요.
「필요 없어요.」
 - 그럼, 몸만 갈 거예요.
「후후... 꼭 그러세요.」

레나 마리아와 그녀의 남편 비욘

아직 한번도 만난 적이 없는 레나 마리아였지만, 전화 목소리가 너무나 자연스러워 책 속의 레나 마리아를 전부터 아는 사이처럼 느껴졌다.

다음날 우리들은 스룻센 역에서 15분 정도 시외버스를 타고 레나 마리아와 비욘이 사는 낫카에 도착했다. 바닷가 근처의 넓은 아파트 단지속의 밝은 남향집이었다. 공원에는 초여름의 햇살을 받으며 아이들이 뛰놀고 있다. 레나 마리아가 사는 건물은 단지 끝에 있고, 넓은 아파트 입구는 열려 있었다. 열쇠와 코드 번호가 필요한 스톡홀름 시내의 아파트에서는 생각할 수 없는, 아직 교외는 안전하구나 생각하면서, 3층 엘리베이터의 버튼을 눌렀다.

T셔츠와 청바지, 똑같은 슬리퍼를 신고 레나 마리아와 비욘이 현관에 나와 있었다.

우리들은 우선, 베란다부터 아파트 단지를 쭉 둘러보았다. 단지는 단층과 고층이 섞인 비교적 새 건물로, 환경 면에서 여러 가지 짜임새가 있어 보인다.

우체통이겠거니 생각한 것이 쓰레기 집중 진공 흡인 장치이거나, 건물의 환기, 부엌으로부터 나오는 열의 재활용 등, 모두 중앙 센터에서 관리한다. 또 단지의 정 중앙에는 고령자 주택이 배치되어 있는데, 이것은 다양한 연령층이 함께 생활하기 위한 배려였다.

「몇 군데 돌아다녔는데, 여기가 첫 눈에 마음에 들었어요.」

허브와 작은 싹이 나온 해바라기, 토마토 묘목까지, 베란다에서 쑥쑥 자라고 있다.

「식물을 키우는 게 내 취미예요, 비욘은 조금도 관심이 없어요.」

식사를 준비하기 시작했다. 어느 틈에 레나 마리아는 바퀴 달린 높은 의자에 앉아 냄비를 휘젓고 있다. 좋은 냄새. 빨강, 초록, 오렌지색 파프리카를 훈제 돼지고기와 함께 크림으로 끓이는 요리.

「이처럼 쉬운 요리도 없어요. 아! 밥솥 스위치, 잊고 있었네.」 레나 마리아는 얼른 스위치를 올렸다.

「이건 일본에서 샀어요. 우리 보물 1호. 오늘 밥은 쟈스민 라이스!」

「곧 나가야 돼.」 비욘이 저쪽 방에서 말한다.

「밥만 되면, 곧 먹을 수 있어요.」 레나 마리아가 대답한다.

부엌에는 나무벤치가 놓여 있고, 나무 결이 드러나는 벽 위쪽에는 짙은 황토색 벽지, 고풍스러운 가구가 몇 년 전부터 살고 있는 것 같은 안정된 분위기를 자아낸다.

「결혼한지 2년 됐는데, 처음에는 시골에 살았어요. 마당이 넓어서 텃밭을 가꾸었는데, 친구가 그리워 스톡홀름에 다시 돌아왔어요. 여기라면 친구도 언제든 만날 수 있고, 마음에 들어요. 인테리어는 비욘이 친구와 함께 했어요.」

레나 마리아의 아파트는 꽤 넓다. 둘 다 집에서 일을 하기 때문에 방 하나는 사무실로 사용하고 있다.

삐-삐-삐-.

「밥이 다 됐네. 비욘, 식사해요.」

우리 4명은 식탁에 앉았다.

「레나 마리아, 신혼여행은 어디로 갔어요?」

「그러니까 독일, 오스트리아, 이탈리아, 스위스, 프랑스...」

「벨기에, 네델란드, 덴마크」비욘이 덧붙였다.

「오토바이로 갔어요.」

「레나 마리아는 뒤에 타고.」

- 네? 팔이 없는데 어떻게 붙잡아요?

「소파 같은 의자가 달려있어요.」

「등뒤에 앉아있으면, 기분이 좋아져, 가끔 졸기도 했죠.」

「맞아. 헬멧이 탁 하고 등에 부딪히면 조는구나 느꼈죠.」

「가는 곳곳마다 새로운 것이 많아서요.」

둘은 즐겁게 이야기를 한다.

-기간은 얼마나?

「한 달. 허니문의 moon은 한 달이잖아요. 숙박은 거의 모텔에서. 마침 여름방학이라 방 값이 싸서 다행이었지요.」비욘이 말했다.

- 여행이라면, 책 속의 인도이야기. 재미있었어요. 웃음이 넘치고.

「인생은 웃음이 없으면 따분해요. 하나님도 유머가 있으시거든요. 그런데 인도는 좀 색다르기는 해요.」

- 나도 가보았지만 인도는 사람이 살아있다는 것을 강렬하게 느끼게 해 주는 나라죠.

「나도 그냥 여행으로 한 번 가고 싶어요. 예전과는 다른 체험을 하고 싶어서요. 그때는 선교 단체를 위해서 일했잖아요. 규칙이 있고, 모르는 사람들과 함께 일하고, 이번에는 누구 친한 사람과 함께 가고 싶어요. 그래도 인도는 좋은 경험이었어요.」

파프리카가 밥과 잘 맞아 한 그릇을 더 비웠다.

「이제 슬슬 가야지. 오늘 저녁 파티에서 연주해야 되는데, 연주자들이 서로 처음이라, 미리 모여 연습하기로 했거든.」

비욘이 서둘러 나갔다.

식사 후, 우리들은 거실로 옮겨 레나 마리아가 구워준 케익을 먹으며 인터뷰를 했다. 케익은 '헬맨의 케익'이라고 하는데, 반죽을 3일간 숙성시켜 4일째 되는 날 4등분하여 굽는다고 한다.
「친구한테 주면 다들 좋아해요.」
 또 하나, 바나나 케익도 만들었다. 양쪽 모두 레나 마리아의 '수(?)작업.' 맛있다.
 이처럼 가볍게 빵과 케익을 구워, 손님을 대접하는 것을 스웨덴 사람은 나이에 상관없이 즐긴다. 직접 만든 게 맛있고, 경제적이고, 무엇보다도 마음이 깃들어 있다.

안식년을 맞이하여

- 금년은(1997년) 일에서 벗어나 모처럼 긴 방학을 맞았네요.

「그래요. 지금까지 너무 일을 많이 해서 지쳤어요. 작년은 TV 음악방송 사회도 몇 번 맡았었는데, 올해는 그냥 쉬고 있죠.」

- 맞아, 그 방송, TV에서 봤어요.

「금년에 6회 방영했는데 전부 작년에 녹화가 끝났어요. 지난 10년 동안 여행이 너무 많아, 집에서 좀 쉬고 싶었거든요. 지금 정해 놓은 건 주 2회 교회에 가는 일. 화요일 저녁 때 10명 정도 모여 기도하고, 커피 마시고, 찬양 부르고… 그리고, 친구나 아는 사람에게 보석을 파는 일을 시작했어요.」

- 직접 팔아요?

「네, 물론이죠. 일본 친구에게도 보석 파는 일 해보지 않을래? 하고 편지를 썼더니 굉장히 화를 내더라구요.」

- 왜요?

「그 친구 얘기가, 일본에서는 종교 활동과 연관지어 물건을 파는 사람이 있대요, 그래서 평판이 나쁘다고, 걱정을 하더라구요. 스웨덴에는 전혀 그런 일이 없으니까, 오히려 놀랐어요.」

- 왜 보석을?

「아는 사람이 보석상을 해요. 무대에서 보석을 많이 사용하니까, 나는 주로 그녀를 통해 구입해요. 새로운 사람들을 만날 수 있는 좋은 기회라고 생각해서 시작했는데, 굉장히 재미있어요. 하지만 기사로는 쓰지 않는게 좋지 않아요? 일본에서는 평판이 안 좋다면서요. 일본 친구는 내 머리가 어떻게 된 줄 알았대요. 그런 일은 상상도 못했는데.」

- 맞아요. 일본에서는 어떤 종교 단체에서 비싼 도자기를 억지로 떠맡긴대요.

「그래요? 하지만 나는 기독교니까.」(웃음)

- 그림은 계속 그리세요?

「가끔. 어렸을 때는 자주 그렸는데 노래 부르는 일로 바빠지고 나서는 시간이 없네요. 그래도 스톡홀름 화랑에 내 그림이 놓여있어요. 그림을 그려서 생일 선물로 주는 걸 좋아해요. 조만간 또 그릴 거예요.」

- 음악은 계속 할 생각이세요?

「계속할 것 같은데, 사실은 하고 싶은 게 많아요.」

- 예를 들면, 어떤 일?

「전화 안내원이나 비서도 괜찮고, 글쓰는 걸 좋아하니까 작가도 되고 싶고. '일생동안 이것만'이라고 결정하지 맙시다!」

결혼과 가족에 관해

- 결혼하니 좋으세요?

「비욘도 나도 함께 있으면 즐거워요. 우리는 친구라는 생각이 먼저 들어요. 우린 둘 다 집에서 일을 하니까 같이 있는 시간도 많고.」

- 매일 같이 있는데 따분하지 않나요?

「따분하다니요... 그야 때로는 결혼이 베스트(최고)가 아닌 페스트(?)처럼 느껴질 때도 있지만... 나는 혼자 생활하는 게 싫어요. 물론 내가 비욘의 마음을 상하게도 해요. 하지만 곧 후회해요. 비욘도 같아요. 누구든지 이기주의가 될 수 있으니까요.

결혼해서 깨달은 건, 비욘과 나는 전혀 다른 방법으로 성장했다는 거예요. 가족끼리 대하는 방법도 다르고.

예를 들면 비욘의 경우 슬플 때는 혼자 있어요. 나는 누군가와 이야기해야 되요. 친정에서는 늘 그래왔으니까. 나는 슬퍼지면 비욘에게 금방 얘기하는데 그는 어쩔 줄 몰라해요. 비욘은 스스로 생각하거든요.

결혼해서 함께 생활하니까 지금까지는 전혀 몰랐던 면,

즉 나쁜 면이 드러나는 거예요.

데이트할 때는 적당히 만나니 기쁘고 즐거웠죠. 하지만 함께 살면 이기적인 면이 드러나고, 작은 일로도 싸워요. 아니 안 그러던 사람이... 당연해요. 그런 태도를 본 적이 없었는데 결혼 생활 안에서 드러나는 거예요.

또 새로운 건, 서로 잘 안다고 생각했는데, 전혀 모르는 사람처럼 느껴질 때가 있다는 거예요.」

- 아이는... 요?

「네,.. 잘 모르겠네요」

- 몇 명이나?

「아이를 원하지만... 안 생길지도 모르고...」

- 나는 아이를 포기했는데 생기더라구요. 39세 때.

「멋진데요.」

- 1명이지만, 낳기를 잘했어요.

「신문에서 읽은 적이 있는데, 서른 살 넘어 아이를 낳으면 좋은 부모가 된대요. 아이를 낳는다는 것이 어떤 일인지 깨달을 수 있는 나이니까요.」

- 가사분담은 어떻게?

「별로 생각 안 해요. 때로는 비욘이 많이 할 때도 있고... 왜 내가 못하는 경우가 있잖아요.」

- 부모님은 어떠셨어요?

「내가 어렸을 때는 어머니가 집에 계시는 경우가 많았어요.」

안정된 가정에서 자라남

- 아버지는 요리를 하시나요?

「엄마가 외출하셨을 때만. 그런데 언제나 소시지였어요(웃음). 엄마는 요리, 청소, 다림질, 다 혼자 하셨어요. 가끔은 아빠가 해야 한다고 생각했는데, 어머니 세대는 여성이 가사를 전담하잖아요. 지금 40세부터 45세의 여성이 캐리어우먼 1세대가 아닐까요?」

- 그건 도시와 지방이 서로 차이가 있는 것 같은데.

「맞아요. 지방은 역시 보수적이에요. 부모님과 함께 살 때는 몰랐는데 자립해서 부모님을 객관적으로 보니, 엄마는 자신의 의견을 주장하지 않아요. 큰소리 나는 게 싫으신 거예요. 이 점은 저도 닮았어요. 좀 슬프더라도 모두의 기분이 좋아진다면 제가 참아요. 고통스러울 때도 있지만... 그러나 그건 장점만은 아니에요. 그래서 고치려고 해요.」

- 엄마는 다른 일은 안 하셨나요?

「내가 10살이 될 때까지 집에 계셨어요. 엄마가 일을 다시 시작했을 때 학교에서 돌아오면 아무도 없었어요. 내 힘으로 모든 걸 해야 했지만 스릴이 있어서 재미있었어요. 갑자기 어른이 된 느낌... 아세요?」

- 어머니가 집에 계시면 가사나 육아는 어머니가 맡게 되지요.

「하지만 아빠는 9시부터 5시까지 정해진 시간이 아니라 자유롭게 일했기 때문에 집에 있는 시간이 많았어요. 일본 아버지들은 아침 7시부터 밤 10시까지 일하는 사람이 많지요?」

- 네. 레나가 안정된 환경에서 자란 것은 이 책을 보면 금방 알 수 있어요. 특히 가족이 늘 함께 행동한 것이 영향을 준 것 같은데.

「부모님이 모두 안정된 가정에서 자란 덕분이에요. 특히 아빠는 농촌의 8형제중 한 명으로 태어나, 항상 가족이 서로 도우면서 자라셨대요. 병역을 마치고 경찰관이 되셨고, 6년 전에 퇴직하시고 지금은 농원을 구입해 말 사육을 하시며 농사를 지으세요.

엄마는 3형제 중 막내이구요. 두 분 모두 신앙이 있는 건강한 가정에서 자라나셔서 사물을 편견 없이 자연스럽게 받아들이세요.

내가 태어났을 때는 놀라셨지만 혼란에 빠지지는 않으셨대요. 아빠는 농원에서 동물들이 유산하고, 기형아를 낳는 일을 자주 보셨기 때문에 자연스럽게 받아들이셨죠.

내가 태어났을 때 어떻게 해야 할 지 몰라 처음에는 주저했지만 그래도 내게는 가정이 필요하다고 생각하셨고, 모든 것에 최선을 다해 주셨죠. 아빠는 하나님을 믿고, 하나님께 힘을 공급받은 거라고 생각하세요.

부모님은 인간은 모두 평등하다고 믿으세요. 장애가 있건 없건 똑같다고. 나를 올래과 똑같이 보통 아이들처럼 키우셨고, 그래서 장애아 모임에는 적극적이지 않으셨어요. 엄마는 물리치료사로 일한 경험이 있어서 쓸데없이 안 도와주는 게 제일 좋다는 걸 알고 계셨지요.」

- 그게 부모로서 어려워요. 나는 너무 쓸데없이 도와줘요. 비가 조금만 와도 우산을 학교에 가지고 가니까(웃음). 부모가 간섭 안 하는 거... 진짜 어렵네요.

「일본에서는 부모가 어렸을 때는 다 해주지만, 학교에 가게 되면 안 해준다는데, 정말이에요?」

- 일본의 경우는 학교에 가서 일단 공부만 잘하면, 물질적으로 다 해주기 때문이 아닐까요? 그렇지만 결혼할 때까지 부모님 도움을 받는 사람도 많아요.

「그럼 결혼하면, 힘들지 않을까요?」

- 그래서 남성이 아내에게 엄마의 모습을 요구하고, 이혼

에까지 이르러요. 젊은 여성이 결혼하고 싶지 않다는 것, 이해가 가요.

「스웨덴은 그 반대예요. 여성이 자립해 열심히 일하다보니 아이를 돌볼 수가 없어요. 그런 면에서 너무 앞서 나가지 않나 생각하는데. 스웨덴 아이들 중 몇 명이나 집에서 엄마와 함께 지낼까. 개인적으로 초등학교 입학하기까지 엄마가 집에 있는 건 중요해요.

우리 집 앞이 보육원이잖아요. 1명의 직원이 여러 명의 아이들을 돌봐요. 아이들은 주목을 끌고 싶어 울거나, 소리를 질러요.」

하나님에 대해

- 만일 하나님을 믿지 않았다면, 레나의 인생이 바뀌었을까요?

「물론이지요. 인생 최고의 순간을 맛보고, 의미 있는 시간을 보낸 건 모두 하나님의 은혜였어요. 지금까지 걸어 올 수 있었던 용기도 역시 하나님이 계셨기 때문이지요.

내가 집을 떠나 독립했을 때, 어려움이 많았어요. 하나님이 안 계셨다면, 세상이 왜 이렇게 불공평하냐고, 인생에 대해 좀 더 씁쓸하게 느꼈을 거예요.

하나님을 믿었기 때문에 사람은 모두 가치가 있고, 장애를 가져도 살아갈 수 있다고 생각할 수 있게 됐어요. 하나님이 없는 생활은 보다 더 괴롭고, 힘들지 않을까…란 생각을 해요.」

- 하나님을 믿어 혹시 생각이 안이해지지는 않았을까? 안 좋은 일이 일어나면, 하나님 탓으로 돌린다거나…

「나는 하나님 덕분에 많은 것을 얻었죠. 하나님은 우리 인생을 책임져 주세요. 기독교가 좋은 건, 우리가 주님을 사랑하고, 주님도 우리를 사랑하신다는 거예요. "이것을 해"하는 식의 의무가 아니에요. 종교는 의식이 아니라 하나님과의 관계예요. 나는 하나님을 이해하고, 하나님도 우리 고난을 이해하시는, 하나님은 내게 절대적인 존재지요.」

- 내 부모도 종교학자였어요. 하지만, 부모님과 생각이 맞지 않아 문제가 많았지요. 레나의 경우는 어때요?

「나는 하나님이 존재하는 것을 당연하게 받아들였고, 그 환경에서 내 정체성이 형성됐어요.」

- 부모님에게 하나님의 존재는 당연했지만, 나는 계속 의문이 들었어요. 그게 어려워요.

「제일 힘든 건, 그 의문을 제기할 수 없는 환경이 아닐까요.」

- 맞아요.

「의문을 갖는 건 당연하죠. 나도 스톡홀름으로 이사와서 의문을 갖게 됐어요. 전에는 아빠와 엄마의 생각이 절대적이었잖아요. 그래서 내가 왜 그렇게 생각하는지를 찾으려고 했어요. 그랬더니 답이 나왔어요.

만일 그렇지 않았다면 내 자신을 잃어버렸을지도 모르죠. 그 상태대로라면 아무 것도 못했을 테니까. 나는 부모님이 내게 원하는 것을 알고 있었고, 내게 무엇이 최선인지를 부모님은 알고 계셨지만, 마지막에 결정하는 사람은 나였기 때문에 항상 그 부분만큼은 자유롭게 해주셨어요.

 부모님이 주신 것은 사랑과 편안함, 그리고 늘 나를 지지해 주신 점이예요. 부모님 말씀대로 했을 때도, 스스로 결정했을 때도 부모님 태도는 언제나 똑같았어요. 힘들 때는 부모님에게 그대로 말하면, 부모님은 서로에게 하시던 방식대로 우리들에게도 똑같이 대해주셨어요.」

 - 부모님이 분별력이 뛰어나시네요.

「맞아요.」

 - 그런 사람들은 좀처럼 없는데.

「물론, 우리가족도 문제가 전혀 없지는 않았어요.」

장애자와 스포츠

- 지금 하는 운동 있어요?

「전혀 없어요. 그런데 다른 사람들은 등이나 허리가 아프다고 하는데, 나는 이전에 운동을 해서 그런지 별로 아프지는 않아요. 하지만 요즘은 다시 뭔가 해야겠다고 생각해요. 자주 피곤해서. 수영체조라는 게 있던데 그 코스에 참가해 볼까?...」

- 스웨덴에서는 장애자 스포츠가 성황이던데, 왜 그럴까요?

「아마도, 장애자를 다른 나라 보다 사회에서 폭 넓게 받아들이고 있기 때문일 거예요. 어려서부터 스포츠를 할 수 있는 환경이 조성되어 있고, 운동할 수 있는 기회가 주어지니까요.

그리고 장애자가 할 수 있는 스포츠의 종류가 풍부해서 누구나 훈련받을 기회가 주어져요.

스포츠뿐만 아니라 다른 것에서도 하고 싶은 일을 해 볼 기회가 주어져요.

'수영이 당신에게 좋아요' 라는 말을 들어서 하는 게 아니라, 자신이 하고싶어 하는 거예요.

수영, 재미있겠다, 한 번 해볼까, 집 근처에 수영장도 있으니, 본인이 하고 싶어하기 때문에 느는 속도도 빠르고, 좋은 선수도 나오는 게 아닐까요.

그리고 스포츠 강국이니까 운동을 즐기는 사람이 많은 것도 이유가 되네요.」

- 스포츠뿐만 아니라 음악도 그래요. 레나는 다른 나라 사람들과 많이 만났을텐데 그 사람들과 이야기하면, 스웨덴은 좋은 나라라고 생각해요?

「네, 스웨덴은 사회적으로 장애자에게 좋은 나라지요. 흔히 사람들은 자기 나라에 불만을 제기하고 싶어하지만, 그래도 스웨덴은 스포츠를 비롯하여 여러 가지 면에서 상당히 조화를 이루었다고 생각해요.

한 가지 이 나라에서 바꿔야 되는 건, 나이 드신 분들의 장애자를 보는 불쌍한 시선. 단지 안됐다고 동정하는 것은 삼가해 주셨으면 좋겠어요. 앞으론 그런 사람조차도 적어지겠지만.」

- 그건 장애자에게만 그런 게 아니에요. 벌써 몇 년 전인데, 내 딸이 일본 아이라서, 양부와 함께 있으면 돈을 주는 할머니가 계셨어요. 불쌍한 입양아라고 생각하나봐요.

「나쁜 마음으로 그러는 게 아니라는 건 알아요. "발로 그리는 예술가 협회"에는 자주 편지가 와요. 나에게 보내는 편지 중에 '살려는 의지가 그토록 강한 당신에게 감탄합니다' 등등의 내용이 있어요. 내 자신, 생명력이 남들보다 강하다고 전혀 생각하지 않는데 굉장히 강한 것처럼 쓰여있어요.

이런 시각은 내가 언제까지나 이 사회의 구성원이 될 수 없다는 것을 의미해요. 물론, 내가 사람들과 다르다는 건 인정해요.

이 책도 내가 다르지 않았다면 쓸 필요도 없었겠지요. 하지만 내 일상 생활은 내 옆집, 뒷집 사람들과 다르지 않아요. 사람들 편지를 읽는 것은 재미있어요. 때때로 어떻게 답장을 쓸 지 고민해요.」

- 편지를 보내오는 분들은 나이 드신 분이 많나요?

「아니오, 그렇지도 않아요. 젊은 사람들 편지는 굉장히 매끄럽고, 기분이 좋아요. '앞으로도 열심히 해주세요' 라고 응원해 주는 사람이 많아요.」

- 지방과 도시에서는 사람의 생각도 차이가 있어요. 시골에서 산다는 것은 자연스럽게 산다는 의미가 아닐까요?

「시골에 살아서 너무 좋았어요. 시골은 오랫동안 한 곳에서 살잖아요. 내가 어렸을 때 옆집에 살던 주인아저씨는 지금도 옆집에 살아요. 그래서 동네에서 무슨 일이 일어났는지, 내가 누구네 집 아이인지 다 아는 거예요. 이곳은 변화가 빨라, 만일 낫카에서 내가 태어났더라면, 새로운 사람이 이사올 때마다, '왜 저럴까' 하고 호기심 가득한 눈으로 바라봤을 거예요. 시골과 달라서 사람들의 관심을 끌었겠지요.」

- 사람들이 자주 쳐다보나요?

「아이들은 '왜 팔이 없어요?' 하고 물어봐요. 때로는 아이들이 '엄마, 봐, 저 사람 팔이 없어'라고 소리 질러요. 나는 싱긋 웃어 주는데, 엄마는 당황해서 '빨리 가자'라며 아이 팔을 잡아끌어요. 그것을 보는 것도 재미있어요(웃음). 사람에 따라서는 '멈춰서, 물어보세요'라고 하는 사람도 있는데, 물어 볼 용기는 대부분 없지요.」

- 친구에게 레나 마리아 책을 번역한다고 했더니, '레나 마리아 어디가 특별하다는 거야'라고 한 마디 툭 던지잖아요(웃음).

「멋진데요. 그런 말을 들으면 기분이 좋아요」

- 오랜 시간 감사합니다.

그 후 우리들은 몇 번 더 레나 마리아를 만나 이야기하고, 식사를 함께 즐기면서 좋은 친구가 되었다.

비욘도 털털하고 상냥하고, 유머가 있어, 만나고 있으면 어느새 시간이 흘러가 버리는 즐거운 사람이다.

우리 집에서 레나 마리아에게 일본 요리를 대접했다. 녹미채(鹿尾菜) 무침을 젓가락을 사용해 맛있게 먹는다. 그리고, '친구가 젓가락질 하는 법을 물어오면, 이렇게 먹는거야 하며 자신 있게 가르쳐줘요' 하며 젓가락을 쥔 발을 보여준다. 너무나 자연스러워, 신경을 쓰지 않으면 발을 사용하고 있다는 것을 모를 정도다. 핸드폰을 할 때는 전화기를 어깨 위에 척 올리고, 아래 입술로 번호를 누른다. 발로 전화번호부를 들추면서.

자기 스스로 뭐든지 하는 철저한 정신에 경의를 표하다.

발로 쓴 내 인생의 악보

1판 1쇄	2000년 12월 7일
1판 23쇄	2013년 4월 15일
2판 13쇄	2014년 9월 25일
3판 2쇄	2022년 4월 30일

지은이	레나 마리아
발행인	조애신
편집	이소연
디자인	임은미
마케팅	전필영, 고태석
경영지원	전두표

발행처	도서출판 토기장이
주소	서울시 마포구 동교로 71-1 신광빌딩 2F
출판등록	1998년 5월 29일 제1998-000070호
전화	02-3143-0400
팩스	0505-300-0646
이메일	tletter77@naver.com

ISBN 978-89-86414-09-7

- 이 책은 저작권 법에 따라 보호를 받는 저작물이므로 무단 전재와 무단 복제를 금합니다.
- 이 책의 전부 또는 일부를 이용하려면 반드시 저자와 도서출판 토기장이의 동의를 받아야 합니다.

도서출판 **토기장이**는 생명 있는 책만 만듭니다.
"우리는 진흙이요 주는 토기장이시니 우리는 다 주의 손으로 지으신 것이니이다" (이사야 64:8)